내가
옛날에
태어났다면?

내가 옛날에 태어났다면?

정문기 글 | 전병준·최상규 그림

상상스쿨

책 머리에

내가 옛날에 태어났다면 어떻게 살았을까?

가끔은 이런 것들이 궁금해지지 않나요? 조선 시대 때 양반 가문의 남자로 태어났다면, 새벽에 일어나 호롱불을 밝히고 참빗으로 긴 머리를 빗으며 하루를 시작했을 거예요. 물론 어려운 한문 투성이의 책을 줄줄줄 외우기도 해야 하고요.

만약에 줄타기 광대로 태어났다면 어떻게 살았을까요? 아마 다른 광대들과 함께 사람들이 많이 모이는 장터를 오가야 했을 거예요. 그때는 자동차도 없었고 길도 잘 닦여져 있지 않아서 짚신이 너덜거릴 때까지 걸어야 했겠죠. 줄타기를 하는 날, 구경꾼이 많다면 엽전을 손에 쥐어 볼 수도 있었겠지요. 하지만 비라도 내리면 줄타기는 고사하고 비를 피할 주막을 찾아 이리저리 뛰어다녀야 했을 거예요.

또 이런 상상을 한번 해 봐요. 남자가 아닌 여자로 태어났다면요. 옛날 여자들은 집안 일이 무척 힘들었을 거예요. 가스 레인지도, 세탁기도 없이 모든 일을 직접 했잖아요. 옷도 며칠이고 실을 짜서 만들어 입어야 했지요. 어디 그것뿐인 줄 아세요? 옛날 사대부집 여자들은 집 밖으로 쉽게 나갈 수도 없었고, 나가더라도 항상 얼굴을 가리고 나서야 했답니다. 그

렇지 않으면 손가락질을 당했거든요.

　지금과 비교해 보면, 확실히 옛날에는 여러 가지로 힘들었던 것 같아요. 하지만 옛날 사람들도 그 나름대로 재미있는 생활이 있었어요. 강남 갔던 제비가 돌아오는 봄이면 산과 들로 소풍을 가기도 하고, 단오가 되면 동네 사람들이 모두 모여 즐거운 시간을 가졌답니다. 남자들은 웃통을 벗어 젖히고 씨름을 하고, 여자들은 재잘거리며 밤에 남몰래 목욕을 했어요. 옛날에는 지금보다 세시풍속이 훨씬 잘 지켜졌어요. 게다가 서로 돕고 살아, 어울려 놀 기회도 많았답니다. 함께 모내기도 하고, 마을 제사도 지내고, 아기가 태어나면 금줄을 달아 주면서 진심으로 기뻐해 주었지요. 음식을 만들어 동네 사람들 모두 모여 함께 나눠 먹고 말이에요.

　이 책은 "옛날에 태어났다면, 도대체 나는 어떻게 살았을까?" 하는 궁금증 하나하나에 대답한 책이에요. 옛 사람들이 살았던 이야기를 통해 많은 것을 배우고, 사소한 것에서도 옛 사람들의 근사한 지혜를 배울 수 있어요.

　자, 그럼 신나는 옛날로의 여행을 함께 떠나 볼까요.

차례

책머리에 4

옛날에는 어떻게 공부를 했을까?

1. 공부는 공자를, 학비는 공짜로 14
2. 붓자루 들고 시험보러 간 선비들 16
3. 글 쓰는 데 필요한 친구, 문방사우 18
4. 마술 부리는 보자기 20
5. 어릴 적부터 배우는 《소학》 22
6. 내 짝꿍은 스무 살 노총각 24
7. 그 많은 책이 다 모였네! 26
8. 종이는 천 년을 살고 비단은 오백 년을 산다 28
9. 인쇄 기술이 없었을 때는 손으로 베꼈대요 30
10. 한자의 음과 뜻을 빌어 쓴 '이두' 32

옛날에는 어떤 교통·통신 제도가 있었을까?

11. 기별이 왔느냐? 36
12. 팔목에는 끈, 손에는 편지 한 장 38
13. 초고속 통신, 연기 40
14. 가마는 굴리지 말고 높이 들어라 42
15. 순라꾼이 들고 다니던 '도적등' 44
16. 시 한 수 읊고, 노 한 번 젓고 46
17. 어둠을 태워 버린 등잔불과 촛불 48

옛날 사람들은 어떤 예술을 즐겼을까?

18. 사진보다 더 닮은 얼굴, 채색 초상화 52
19. 신나게 밀치고 당기는 북, 장구, 징, 꽹과리 54
20. 판을 치고 노래하는 스타 56
21. 궁상각치우, 신나는 우리 음계 58
22. 스타는 없어도 히트작은 있다 60
23. 강강술래에서 테크노까지 62
24. 경치 좋고 사람 좋고, 얼쑤! 64
25. 《홍길동전》은 초대형 베스트셀러? 66
26. 할머니의 할머니의 할머니가 들려 주시던 이야기 68

옛날에는 어떻게 옷을 만들어 입었을까?

27. 입을수록 멋이 나는 색깔 72
28. 녹슬지 않는 벗, 규중칠우 74
29. 미인을 만드는 천연 화장품 76
30. 향, 맡지 말고 들어라 78
31. 금보다 사치스러운 천이 있었다는데 80
32. 속옷도 신분에 따라 다르다 82
33. 고구려 여자들은 바지도 OK! 84
34. 씨줄과 날줄의 노래, 베틀 86
35. 늘었다 줄었다 유행 타는 저고리 88

36. 개화기, 너울을 벗겨라 90
37. 지푸라기로 만든 히트 상품, 짚신 92
38. 빳빳한 옷으로 승부를 낸 옛날 멋쟁이 94
39. 몸치장의 마지막 마무리는 예쁜 장신구로! 96
40. 일생에 단 한 번만 입을 수 있는 옷 98
41. 발아, 발아, 자라지 마라. 버선코가 울고 간다 100
42. 멋이 되기도 하고 흉이 되기도 했던 갓 102
43. 숟가락처럼 소중한 필수품, 빗 104

옛날에는 어떤 음식을 먹고 살았을까?

44. 쿵덕쿵! 동글한 곡식을 맛나게 찧는 법 108
45. 솥 하나면 밥, 국, 반찬이 뚝딱! 110
46. 땅에 묻은 김치 냉장고 112
47. 나는 꿩 위에 채 가는 매 있다 114
48. 손이 되고 발이 되었던 재래 농기구 116
49. 먼 옛날 강태공은 무얼 낚았을까? 118
50. 아무리 친해도 빌려 주지 않은 불씨 120
51. 차일까, 만병 통치약일까? 122
52. 생일 맞은 놈 떡 하나 더 준다 124
53. 한과, 입 안에서 살살 녹아요! 126
54. 주모, 밥 한 그릇 주시오! 128

옛날 사람은 얼마나 과학적으로 살았을까?

55. 측우기만 있으면 홍수 걱정 끝! 132
56. 옛날에도 자명종이 있었대요 134
57. 떵! 떵! 떵! 쇠를 다스리는 사람들 136
58. 쪼그리고 아기 낳은 조선 여인 138
59. 침도 소용 없는 무시무시한 역질 귀신 140
60. 치과는 없어도 치통 약은 있다 142
61. 옛날 수술 X파일 144
62. 의원 대신 의녀를 보내 주시오 146
63. 방향제일까, 살충제일까? 148
64. 날을 알려면 달을 보아라 150
65. 침도 놓고 약도 만드는 옛날 한약방 152

옛날에는 어떤 집에서 살았을까?

66. 왕은 방이 100칸, 양반은 99칸 156
67. '고래'가 전해 준 따뜻한 겨울 158
68. 옷을 입고 목욕하는 선비님 160
69. 담장이 낮아서 초인종도 필요 없대요 162
70. 귀신이 나올까, 꿀이 나올까? 164
71. 최초의 간이 화장실은 요강? 166
72. 목수만 있으면 집 한 채는 뚝딱! 168
73. 황소바람도 못 뚫는 창호지 창문 170
74. 무거운 돌도 척척 172

옛날에는 어떤 생활 소품을 사용했을까?

75. 더 주어도, 덜 주어도 죄 176
76. 바람을 일으켜 더위를 막아라 178
77. 비 오는 날에 종이 우산을? 180
78. 쉿, 화장실 새끼줄의 비밀 182
79. 말도 많고 탈도 많은 화폐 184
80. 창포만 있으면 샴푸도 부럽지 않아요 186
81. 거울아, 거울아, 이 여자는 누구냐? 188
82. 옛날 계산기의 왕자, 주판 190
83. 우물 신이 지켜 주던 맑은 물 192
84. 도시락 들고 빨래터에 간 여인들 194
85. 중국은 창, 일본은 칼 그리고 한국은 활 196
86. 시원한 얼음 창고, 석빙고 198

옛날에는 어떤 놀이가 있었을까?

87. 널 뛰며 훔쳐보는 바깥 세상 202
88. 요놈! 엽전을 훔치다 제기를 차는구나 204
89. 임금님과 씨름을! 206
90. 계절마다 떠나는 신나는 소풍 208
91. 달나라 궁전 같은 데이트 장소 210
92. 보름달 아래 몰래 하는 사랑 212
93. 많을수록 좋은 날, 공휴일 214
94. 옛 도적들이 피해 갔던 관청, 포도청 216

95. 119보다 빠른 종소리 218
96. 없는 것 빼고는 다 있는 옛날 장터 220
97. 밥 때는 잊어도 호패는 잊지 마라 222
98. 옛날 여인들도 다이어트를 했을까요? 224
99. 사라져 간 시묘살이 226
100. 장가는 '오는 것'이 아니라 '가는 것' 228

● 옛 사람들의 생활 문화 발자취를 찾아서! 230

'학교 종이 땡땡땡…….'
학교에 가면 신나는 일이 많아요.
친구랑 신나는 놀이도 하고, 재미있는 책들은
서로 돌려 가며 볼 수도 있지요.
하지만 언제나 재미있지만은 않을 거예요.
골치 아픈 숙제도 있고, 지켜야 할 규칙도 많아요.
만약, 우리가 옛날에 태어났다면 학교 생활에서 벗어날 수
있었을까요? 옛날 어린이들은 어떻게 공부를 했을까요?

옛날에는 어떻게 공부를 했을까?

❶ 옛날에도 대학이 있었을까요?

공부는 공자를, 학비는 공짜로

"철썩 붙을 거야. 힘내라!"

무슨 소리냐고요? 이것은 해마다 대학 입학 시험 때만 되면, 수험생들을 격려하는 말이에요. 어른들은 수험생에게 덕담뿐만 아니라 엿도 선물해 준답니다. 끈적끈적한 엿처럼 철썩 대학에 붙으라고요. 요즘에는 대학도 많고, 기회도 균등하여 많은 사람이 대학에 들어갈 수 있지만 조선 시대까지는 그럴 수가 없었답니다.

옛날 선비가 책 읽는 모습

조선 시대에는 대학이 '성균관' 하나뿐이어서 많은 학생을 입학시킬 수가 없었어요. 그래서 3년에 한 번씩 시험을 치러 겨우 200명의 학생을 뽑았어요. 지금에 비하면 대학 입학 문이 무척 좁은 것이지요.

성균관은 고려 시대의 '국자감'을 이어받아, 태조 7년에 지금의 서울 명륜동에 세워졌답니다. 성균관에는 유생을 교육하고 학문을 강의하는 명륜당이 있어요. 그리고 유생이 잠을 자는 기숙사가 있고, 공자를 모시는 대성전과 당대의 이름난 유학자를 모시는 동무, 그리고 서무도 따로 마련되어 있었어요.

그런데 조선 시대 대학인 성균관의 학비는 얼마였을까요? 정답은 0원입니다. 즉 공짜였다는 얘기예요. 성균관에 입학한 학생들은 학비와 숙식비 등이 면제되는 국비 장학생이었어요. 그러다 보니

성균관 명륜당

경비가 많이 들어서 영조 때는 학생 수를 120명으로 줄였고, 국가 재정이 나빴던 조선 시대 말기에는 100명까지로 줄였답니다. 성균관에서 공부하는 책은 주로 《사서》와 《오경》이었어요. 또한 읽지 말아야 할 책도 있었어요. 노자와 장자 사상과 불교에 관한 책은 금서였어요.

성적을 평가하는 방법으로는 대통, 통, 약통, 조통의 4단계가 있었어요. 그리고 가장 낮은 '조통'을 받으면 벌을 받기도 했다는 기록이 내려오고 있답니다.

"네 이놈. 또 조통을 받았구나! 어서 종아리를 걷어라!"

만약, 옛날에 성균관에 들어갔다면 정말 무섭게 공부해야 했을 거예요. 그것은 벌 서는 게 무서워서가 아니랍니다. 성균관에서 공부하는 학비는 백성들의 땀으로 모아졌기 때문이에요.

❷ 옛날에도 시험이 있었을까요?

붓자루를 들고 시험보러 간 선비들

요즘엔 시험이 참 많아요. 받아쓰기 시험에다 쪽지 시험도 있고, 중학교에 올라가면서부터 중간 고사와 기말 고사가 줄줄이 이어지지요.

어디 그뿐인가요? 대학교에 들어가고 싶은 사람들은 수학 능력 시험도 보아야 하고, 또 취직을 하고 싶은 사람들은 입사 시험도 치러야 하지요.

그런데 옛날에도 이런 시험이 있었을까요?

물론 있었어요. 요즘과 시험 내용이 다를 뿐이지요.

과거 시험을 재현한 모습

기말 고사와 중간 고사는 아니더라도, 학교에서 스승들은 제자들에게 문제를 던져 주며 시를 쓰게 한다든지, 책을 읽어 보게 한다든지 하는 방법으로 공부를 얼마만큼 했는지 테스트를 했어요. 하지만 이 시험은 규칙적으로 꼭 치러 하나의 관문을 통과하는 것은 아니었어요.

나라의 일을 도맡아 하는 관리가 되기 위해 치르는 시험이 바로 꼭 통과해야 하는 시험이었어요. 이런 시험은 고려 시대(광종 때)부터 시작되었는데, 우리가 많이 들어 본 과거 시험이 대표적이랍니다.

과거 시험은 주로 유학에 관련된 책을 공부하고 치르게 되어 있는 '문과' 시험이었어요. 처음에는 수공업자, 상인, 무당, 승려, 노비 등을 제외하고 누구나 시험을 볼 수 있었으나, 점차 가문을 중시하였어요.

군사나 장군은 과거 시험으로 뽑지 않았어요. 조선 시대에 접어들어 '무과' 시험을 만들었지요. 다시 말해 '문과' 시험을 통과하면 주로 나라를 다스리는 일을 맡게 되는 것이고요, '무과' 시험을 통과하면 전쟁을 대비한 군사의 일을 맡게 되는 거예요.

이 밖에도 '잡과'라는 것이 있었는데, 이 시험을 통과하면 과학자, 기술자, 의사 등으로 일을 하게 되지요. 지금은 과학자와 기술자, 의사를 매우 중요하게 생각하지만 그때에는 글을 읽는 사람들보다 낮은 신분으로 생각했어요. 문과 시험에서 우수한 성적을 거둔 사람에게는 임금님이 직접 꽃을 꽂아 줄 정도였대요.

❸ 연필이나 볼펜이 없었을 때는 무엇으로 글을 썼을까요?

글 쓰는 데 필요한 친구, 문방사우

옛날 사람들은 오랫동안 종이에 붓으로 글을 썼답니다.
붓에다 검은 먹물을 묻혀서 글을 쓴 것이지요. 그래서 옛날 사람들이 공부하는 방에는 꼭 종이와 붓, 먹과 벼루가 있었어요. 이 네 가지를 '문방사우'라 하지요. 문방사우란 글을 쓰는 데 필요한 네 명의 친구란 뜻이에요.
그럼 옛날 사람들은 어떻게 붓을 만들어 썼을까요?

문방사우

붓은 짐승의 털을 모아 썼어요. 붓을 만들 때 사용하는 털은 여러 가지가 있어요. 작은 글씨를 쓸 때에는 족제비 꼬리털로 만든 붓을 썼어요. 하지만 아주 큰 글씨를 쓸 때에는 말 꼬리털을 많이 이용했어요. 그래야 붓에 힘이 있어 큰 글씨를 술술 쓸 수 있거든요.

그럼 붓 끝을 적시는 검은 먹물은 어떻게 만들어 썼을까요? 검은 먹물을 만들기 위해서는 먹과 벼루가 필요해요. 먹을 벼루에 갈면 검은 먹물이 나오지요. 물론 먹을 갈 때에는 약간의 물이 필요하답니다.

먹은 기름을 태운 그을음을 가지고 만든 것과 소나무의 송진을 태워서 만드는 송연묵이 널리 쓰였어요. 처음에 먹의 모양은 둥글거나 네모난 모양이었어요. 그러다 점차 다양한 모양으로 만들어졌는데, 먹 위에 그림이나 문자를 새겨 멋지게 장식한 것도 있어요.

벼루는 먹을 갈아 먹물을 만들 때 사용하는 도구예요. 벼루는 대개 돌을 사용하는데, 옥이나 수정, 조개 껍질 등으로 만든 것도 있어요.

벼루를 만들 때 사용하는 돌은 아무 돌이나 주워다 쓰는 것이 아니랍니다. 돌은 그 모양이 아름답고 고인 물이 10일이 지나도 마르지 않는 것을 가장 좋은 것으로 친답니다. 벼루의 모양은 동그란 것도 있고, 네모난 것, 또는 거북 모양 등 다양했어요.

이렇듯 옛날 사람들은 먹을 벼루에 갈아 낸 검은 먹물을 붓 끝에 묻혀 글씨를 썼어요. 어디 글씨뿐인가요? 문방사우를 이용해서 산과 들의 풍경을 그리기도 했고, 초상화나 사람들이 살아가는 모습 등을 그리기도 했던 거예요.

❹ 옛날 아이들은 어떤 가방을 들고 다녔을까요?

마술 부리는 보자기

학교에 갈 때 잊어서는 안 되는 물건 제1호는? 아마도 가방이 아닐까요? 가방 안에는 교과서와 예쁜 필통, 숙제를 한 공책 등이 들어 있어요. 요즘 아이들이 들고 다니는 가방은 참 예뻐요. 이것 저것 넣을 수 있는 주머니도 많이 달려 있어요. 또 어떤 가방은 마치 인형처럼 생겨서 가방인지 인형인지 알쏭달쏭한 것도 있어요. 그런데 여러분들이 옛날에 태어났다면 어떤 가방을 들고 다녔을까요? 우리 나라의 전통적인 형태의 가방은 바로 '보자기'랍니다.

옛날 보자기

보자기는 '복'이라 부르기도 했어요. 보자기에 물건을 싸 두는 것은 '복'을 담아 두는 것이라 믿었기 때문이지요. 우리 나라 보자기는 일정한 모양이 없어요. 그저 한 마쯤 되는 베를 네모 반듯하게 잘라 놓았을 뿐이죠. 보자기는 요즘 사용하는 가방과는 다르게 무엇이든 담을 수 있어요. 생각해 봐요. 여러분의 가방에 항아리와 길다란 톱 2개를 담을 수 있어요? 아마도 힘들걸요? 하지만 보자기를 사용하면 그런 것쯤은 문제없어요. 네모난 보자기는 책도 쌀 수 있고, 야채도 담을 수 있어요. 보자기는 물건이 어떻게 생겼든 상관없어요. 그냥 물건의 모양 그대로 둘둘 감싸서 홀쳐 매면 그만이지요.

옛날 아이들은 서당에 갈 때 보자기를 매거나 들고 다녔어요. 보자기 안에는 서당에서 볼 책과 붓, 먹 등이 담겨 있었을 거예요.

보자기는 아이들의 책가방이 되기도 했지만, 아낙네들이 시장에 갈 때 쓰는 바구니이기도 했어요. 혹시 '보따리 장수'라는 말을 들어 본 적이 있나요? 보따리 장수가 커다란 보자기를 펼쳐 놓으면 오만가지 물건들이 와르르 나오지요.

그런데 보자기는 단순히 물건을 담는 데만 쓰인 게 아니에요. 해마다 추운 겨울이 돌아오면 보자기는 훌륭한 마술을 부린답니다.

보자기를 머리에 쓰면 따뜻한 방한모가 되고, 목에 두르면 멋있는 목도리가 되지요. 보자기를 어깨에 감싸면 '숄'이라는 것도 되지만 배트맨의 주인공이 될 수도 있어요. 게다가 일할 때 허리에 두르면 앞치마가 되기도 하고, 더운 여름에는 흐르는 땀을 훔쳐 주는 일 벗이 되기도 하지요.

❺ 옛날에는 교과서가 없었는데 무엇으로 공부했을까요?

어릴 적부터 배우는 《소학》

아주 오래 전, 학문이 발달하기 전에는 책을 가지고 공부하지 않았어요. 사냥하는 법, 그릇 만드는 법, 물고기 잡는 법 같은 것만 배웠죠.

하지만 시간이 흐르고, 깊은 생각을 하는 사람들이 생기게 되자 '학문'이라는 것이 발전하게 되었어요.

이들은 자신의 생각을 제자들에게 가르치기 시작했어요. 사람들은 좋은 생각을 널리 퍼뜨려야겠다고 생각했어요. 그래서 책으로 만들었답니다. 이렇게 해서 생긴 책들이 《소학》, 《대학》 등이에요.

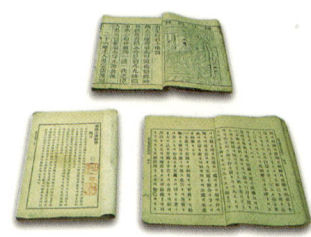

옛날 서당에서 사용한 책자

《소학》은 선비가 어떤 생활을 해야 하는가에 대한 생각을 담은 책이에요. 특히 조선 시대에는 인간이 어떻게 살아야 하는지에 대해 관심이 많았어요.

조상을 섬기고, 부모를 공경하며, 친구와 의리를 지키고, 형제간에 우애 있게 살아야 한다는 등의 여러 가지 덕목을 귀하게 여겼죠. 이러한 것을 '윤리'라고 해요. 한 번쯤은 들어 보았음직한 '삼강오륜'이 바로 이러한 내용을 담고 있어요. '삼강'이란 도덕의 기본이 되는 세 큰 줄거리인 '군위신강', '부위자강', '부위부강'이며, '오륜'이란 사람으로서 지켜야 할 다섯 가지 도리인 '군신유의', '부자유친', '부부유별', '장유유서', '붕우유신'을 말하는 것이에요.

학생들은 학교에서 이런 윤리 덕목을 배웠어요. 조선 시대에는 성균관과 향교라는 것이 있었거든요. 여기서 윤리 교육을 받은 거예요.

성균관이나 향교에 있는 여러 건물 가운데 특히 윤리 교육이 이루어지던 곳의 이름이 '명륜당'이었으니 윤리를 얼마나 중요하게 여겼는지 알 수 있겠죠? 명륜당이란 '윤리를 가르치는 곳'이라는 뜻이니까요.

이곳에서는 《대학》도 가르쳤어요. 《대학》은 《소학》을 배운 다음에 더 보태서 배우는 책이에요.

이것을 배우는 동안에는 《대학》이 포함된 사서오경도 배웠답니다. 사서오경이란 《논어》, 《맹자》, 《중용》, 《대학》의 사서와 《시경》, 《서경》, 《예기》, 《주역》, 《춘추》를 일컫는 말이랍니다.

6 초등학교가 없었을 때는 어디서 공부했을까요?

내 짝꿍은 스무 살 노총각

서당(김홍도 그림, 조선 시대)

김홍도의 〈서당〉이라는 그림을 본 적이 있나요? 꾸지람을 들은 아이가 훌쩍이고 있고, 훈장님은 아이의 울음에 미안해졌는지 울상을 짓고 있어요. 하지만 다른 아이들은 키득거리거나 겨우 웃음을 참고 있는 표정이네요.

그런데 참 이상할 거예요. 우리들은 동갑끼리 같은 반인데, 여기에는 아주 어려 보이는 아이도 있고, 갓을 쓴 어른도 있잖아요?

왜냐하면 서당에는 다닐 수 있는 나이가 특별히 정해져 있지 않았기 때문이에요. 보통 우리가 유치원에 다닐 나이인 6, 7세부터 시작해서 14, 15세까지 서당에서 공부를 했답니다. 물론 뒤늦게 공부를 한 사람들은 상투를 틀고 20세가 되어서도 서당에 다녔고요.

옛날 서당을 재현한 모습

처음에 서당은 양반 집안의 사람들만 다닐 수가 있었어요. 그러다가 조선 후기에 이르러서는 평민들도 다닐 수 있게 되었답니다. 때로는 평민의 어린이가 매우 뛰어난 실력을 보여 주기도 했대요.

하지만 아무리 실력이 있다고 해도 과거 시험을 마음대로 칠 수는 없었답니다. 과거 제도에는 각 과별로 시험을 칠 수 있는 자격과 그렇지 못한 자격이 엄격하게 정해져 있었기 때문이죠.

옛날에는 여자에게 공부를 안 시켰다고 하지요? 그래서 여자들은 서당을 다닐 수가 없었답니다. 대신 여자들에게는 규방 교육을 시키기 위한 서당을 만들기는 했어요. 그곳에서는 주로 여자로서의 태도와 여자들이 해야 할 일 등을 자세하게 가르쳤던 것이죠.

하지만 여자 어린이를 위한 서당은 그리 흔한 것은 아니었어요. 보통 서당이 1만 6천여 개나 되었던 데 비해 여자들을 위한 서당은 손에 꼽을 정도였답니다.

우리는 남자 여자 할 것 없이 '모두 초등학교에 모여 공부를 하고, 자기가 노력한 만큼 어떤 시험이든 치를 수 있으니 얼마나 좋은지 몰라요.

❼ 도서관이 없었을 때 어떻게 많은 책을 보았을까요?

그 많은 책이 다 모였네!

우리 나라에는 동네마다 누구나 이용할 수 있는 도서관이 있어요. 도서관 건물이 아예 따로 있는 곳도 있고, 동사무소에 딸려 있기도 하죠. 각각의 구에도 도서관이 있어요. 또 '시립 어린이 도서관' 처럼 시에서 운영하는 시립 도서관도 여러 개 있고요, '국립 중앙 도서관', '국회 도서관' 처럼 나라에서 운영하는 도서관도 있지요.

이 때문에 우리는 언제나 도서관으로 달려가 읽고 싶은 책을 마음껏 읽을 수가 있어요.

물론 옛날에도 책들을 보관하던 도서관이 있었답니다. 하지만 손쉽게 책을 읽을 수 있을 만큼 도서관 시설이 많지 않았죠. 이 때문에 책을 열심히 읽는 사람들이라도 마음껏 책을 볼 수는 없었어요. 자기가 가진 책을 남에게 빌려 주며 서로서로 도와야 했죠.

그럼 옛날에는 어떤 도서관이 있었는지 알아볼까요?

학교 등 교육 기관에 있었던 교육 문고나 불교에 관련된 책을 모아 둔 사원 문고, 궁궐에 있었던 왕실 문고 등은 우리 나라 최초의 도서관이었어요. 뭐니뭐니 해도 도서관은 책이 많아야 할 텐데, 이때의 도서관은 그렇지가 못했죠.

그러다가 고구려 시대에 접어들어 제법 도서관다운 도서관인 '경당'이 세워졌어요. 원래 경당이란 고구려 소수림왕이 세운 '태학'과는 달리 서민들이 다니던 학교를 말해요. 이곳에서는 독서와 활 쏘기 같은 것을 가르쳤으며, 많은 책들을 모아 여러 사람이 다양한 책을 볼 수 있도록 했기 때문에 도서관이었다고 말할 수 있죠.

고려 시대에 이르러서는 진짜 도서관다운 도서관이 세워졌답니다. 990년에 세워진 '수서원'은 책을 모아 들이고 보관하는 일을 맡았던 곳이에요. 이 밖에도 '비서각', '서적포', '보문각' 등 여러 도서관이 있었어요.

조선 시대 역시 도서관이 있었죠. 세종대왕 때의 '집현전', 정조 때의 '규장각' 같이 왕실에서 가지고 있었던 도서관도 있었고, '존경각'과 같이 대학에 속해 있던 도서관도 있었어요.

규장각 도서를 소장하고 있는 건물(서울대 규장각)

하지만 이때의 도서관들은 지금의 도서관처럼 많은 책들을 가지고 있지는 못했어요. 종류가 지금처럼 다채롭지도 못했고, 잘 정리되어 있지도 못했답니다.

❽ 옛날 사람들은 어떻게 종이를 만들었을까요?

종이는 천 년을 살고
비단은 오백 년을 산다

　세계 최초로 종이를 만든 사람은 '채륜'이라는 중국 사람이에요. 그는 겨우 105년밖에 안 되었을 때 세계에서 처음으로 종이를 발명해 냈죠.

　이렇게 발명된 종이는 실크 로드를 따라 서방 세계에 알려지게 되었고, 유럽 등지에는 종이 공장이 세워지게 되었어요.

　우리 나라에 중국의 종이 만드는 기술이 들어온 것은 약 3, 4세기의 일이라고 추정된답니다. 그런데 우리 나라는 종이 기술을 받아들인 후 기술을 더욱 발전시켰어요. 현존하는 최고의 목판 인쇄물인 《무구정광대다라니경》의 종이가 그 증거라 할 수 있어요.

　특히, 고려 시대는 우리 종이의 발전기였어요. 재미있는 종이 설화까지 있을 정도예요. 이 종이 설화는 한지가 어떻게 시작되었는지를 흥미 있게 말해 주고 있어요. 고려 시대에 대동사라는 큰 절에 주지 스님이 계셨대요. 어느 날, 이 스님은 야생 닥나무 가지를 꺾어 한나절 동안 개울물 속에

닥나무의 꽃과 열매

담가 두었어요. 닥나무 가지의 껍질은 너무 질겼기 때문에 물에 넣어 보면 어떻게 될까 궁금했던 거예요.

한참 뒤에 물 속에서 닥나무 가지를 건진 주지 스님은 깜짝 놀랐대요. 닥나무 가지의 껍질이 여전히 질기면서도 매우 부드러워졌기 때문이었어요.

스님은 이것을 돌로 찧었어요. 그리고 널찍한 바위 위에 펴서 말렸죠. 그러자 닥종이가 만들어졌어요.

이 일을 시작으로 하여 한지가 많이 만들어지기 시작했답니다. 그 기법은 마을에서 마을로 이어졌고, 많은 사람들이 종이를 가지고 책을 만들거나, 그림을 그리거나, 글을 쓸 수 있게 되었어요.

"종이는 천 년을 살고 비단은 오백 년을 산다."는 말을 들어 보았나요? 값으로 치자면 비단이 종이와는 비교할 수 없을 만큼 비싸지만 종이가 그보다 오래 가며, 이 때문에 우리의 문화를 후대에 전할 수 있다는 점을 뜻하는 말이랍니다.

한지로 만든 옛날 서적

어때요? 지금 여러분이 내려다보고 있는 종이가 조금은 다르게 느껴지지 않나요?

9 인쇄소가 없었을 때는 어떻게 책을 만들었을까요?

인쇄 기술이 없었을 때는 손으로 베꼈대요

　서울특별시 중구 충무로에 가면 크고 작은 인쇄소가 엄청나게 모여 있어요. 그곳에 가면 하루종일 기계 돌아가는 소리가 멈추지를 않지요. 모두들 책이나 포스터 등 종이에 글이나 그림을 입히느라고 분주해요.

　옛날에는 이렇게 인쇄소가 모여 있는 동네도 없었을 뿐더러 아예 인쇄소라는 게 없었어요. 그렇다고 해서 책이 없던 건 아니에요. 그럼 이런 책들은 어떻게 만들어진 걸까요?

　그 방법은 이것밖에 없죠. 누가 책을 쓰거나, 아니면 외국에서 새로운 책이 들어오면 그 책을 빌려 힘들게 붓으로 모조리 베껴 옮기는 수밖에요.

　책 한 권 분량의 수많은 글자들을, 그것도 어둠침침한 등잔불 밑에서 베끼자면 얼마나 힘이 들었을까요? 어깨며 손목이며 허리며 안 아픈 데가 없었을 거예요.

　이러던 중, 책을 가까이 하는 사람들에게 반가운 소식이 생겼답니다. 인쇄를 할 수 있는 방법을 고안해 냈던 것이죠. 나무판에 조각을 해서 여러 장을 찍어 내는 목판술이 탄생한 거예요.

우리 나라에 남아 있는 목판 인쇄물 가운데 가장 오래 된 것은 신라 시대의 《무구정광대다라니경》이에요. 이건 세계에서 발견된 목판 인쇄물 중에서도 가장 오래 된 것으로 불국사 석가탑 안에 들어 있었죠. 해인사에 있는 《팔만대장경》 역시 인쇄를 위해 만든 목판이랍니다. 글자를 일일이 나무에 새긴 정성이 놀라울 지경이에요.

그 뒤, 고려 시대로 접어들어 금속 활자가 발명되었답니다. 이때 우리가 세계 최초로 금속 활자를 발명해 낸 거예요.

《팔만대장경》 인쇄 모습

금속 활자는 목판이 가진 단점을 보완할 수 있었어요. 판이 나무이다 보니 습하거나 오래 되면 썩어 버리는 점이 금속에서는 있을 수 없으니까요. 전쟁 때문에 불에 타 버릴 염려도 없었죠.

세계에서 가장 오래 된 금속 활자본은 《직지심경》이랍니다. 원래의 이름은 《백운화상초록불조직지심체요절》로, 현재 국보 제126호이며 국립 중앙 박물관에 있답니다.

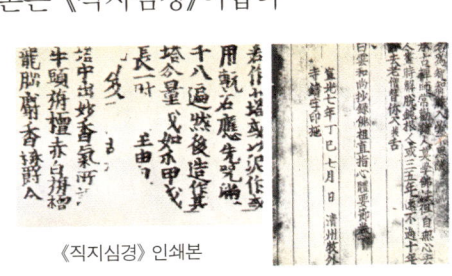
《직지심경》 인쇄본

❿ 한글이 없었을 때는 어떤 글을 썼을까요?

한자의 음과 뜻을 빌어 쓴 이두

"자, 알아 맞혀 보세요. 한글을 만든 왕은 누구일까요?" 너무 쉬운 문제인가요? 맞아요. 한글을 만든 사람은 바로 세종대왕이랍니다. 그렇다면 한글이 만들어지기 전에 우리 나라 사람들은 어떤 문자를 썼을까요?

한글이 만들어지기 전에는 중국의 한자를 썼어요. 그러나 중국의 한자를 모두 그대로 사용한 것은 아니었답니다. 중국의 한자는 글자 수가 너무나 많기 때문에 일일이 그것을 외워 쓰기에 어려움이 따랐기 때문이에요. 또한 글자 모양도 매우 복잡하여 몇 해를 배워야 하기 때문에 일반 백성들은 한자를 배워 쓰기가 어려웠어요.

그래서 한글이 창제되기 이전에는 '이두'를 썼답니다. 이두는 한자의 음과 뜻을 빌어 우리 말을 표기하는 것을 말해요. 이두는 신라 시대의 설총이 만들었다 해요. 그 당시 이두 문자는 보통 한문과는 달리 주로 공문서에서 사용되었으며, 예를 들어 다음과 같이 표기하였답니다.

'無去乙'은 없을 無(무)+갈 去(거)+새 乙(을) 자를 쓴 거예요. 소리나는 대로 읽는다면, '무거을'이라고 읽어야 하지요. 하지만 無자의 뜻을 빌어와 '없거늘'이라고 표시했답니다. 한자의 음과 뜻이 합쳐져서 새로운 글자가 된 것이에요.

신라 시대의 설총은 이두를 사용하여 문학을 우리말로 풀이한 대표적인 학자랍니다.

고려 시대에도 이두가 발달했는데, 어려운 한문의 내용을 이두로 자세히 풀어 쓸 정도로 다양한 이두 글자를 사용했어요. 그러다가 한문 사용이 보편화되고 한문에 대한 독해 능력이 향상됨에 따라 이두는 점차 간소화되었어요. 그래서 이두는 한문을 읽는 보조 수단으로 바뀌어 갔어요.

조선 시대에 이두로 쓰여진 글은 주로 왕이 신하에게 내리는 글, 신하나 백성이 왕에게 올리는 글에 쓰여졌어요. 그러다 훈민정음이 만들어지자 이두로 기록되었던 것이 점차 독창적인 우리 문자인 한글로 바뀌었어요.

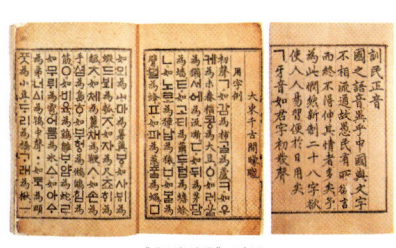
《훈민정음》 서문

또한 한자를 쓰는 것 역시 점차 줄어들게 되었답니다.

'신나는 인터넷!'
요즘에는 손으로 직접 편지를 쓰는 사람이 드물어요.
전화 한 통이면 OK! 인터넷으로 메일을 보내면
몇 초 만에 편지가 '뚝딱' 도착해요.
만약 옛날 사람들이 이런 것을 보았다면,
도깨비 놀음이라며 깜짝 놀랐을 거예요.
그럼, 옛날에는 어떻게 소식을 전했을까요?
또, 옛날 사람들은 무엇을 타고 다녔는지 한번 알아볼까요?

옛날에는 어떤 교통·통신 제도가 있었을까?

❶ 옛날에도 신문이 있었을까요?

기별이 왔느냐?

"아빠, 그렇게 재미없는 걸 왜 봐요?"
"하하, 아빠는 재미만 있는걸? 세상 돌아가는 것도 한눈에 알 수 있고 말이야."

《한성순보》 창간호

깨알 같은 글씨가 다닥다닥 붙어 있는 신문에는 여러 가지 사건들이 담겨 있어요. 정치인의 활동이나 축구 경기 소식, 일기 예보 등등. 우리 나라 최초의 근대 신문은 《한성순보》예요. 《한성순보》는 나라에서 만드는 관보로, 매일매일 나온 것이 아니라 10일에 한 번씩 나왔대요.

그런데 《한성순보》가 발행되기 이전의 사람들은 어떻게 새로운 소식을 알았을까요? 옛날에도 신문이 있었을까요?

옛날에도 신문이 있었답니다. 근대식 신문이 발행되기 전에는 《조보》라는 신문이 있었어요. 《조보》는 조정에서 발생하는 중대한 일들을 아침에 적어 발표하는데, 기별지는 그 내용을 적은 종이를 말해요.

"기별이 왔느냐?"

요즘에도 쓰이는 이 물음은 《조보》를 기다리는 습관에서 유래했답니다. 원래 《조보》는 고려 시대부터 발행했으나 조선 시대에 더욱 발달하여 보편화되었어요.

《조보》는 관원들 사이의 연락 문서로서의 성격이 강했으므로 비밀 사항 등을 싣는 것은 금지했어요. 또한 《조보》는 당대에 일어난 일들을 생생히 수록하고 있어서 실록을 편찬할 때 가장 긴요히 쓰여졌답니다.

특히 왜군이 침입하여 많은 사료가 소실되었던 선조 때에는 각지에 영을 내려 《조보》를 수집하기도 했어요. 이렇게 《조보》는 나라의 공식 문서로서 중요하게 취급되었기 때문에, 그것을 민간에 함부로 나누어 주거나 하는 일은 절대 안 되었어요. 또한 한 개인이 《조보》를 만든다든지 팔거나 하다가 들킬 경우에는 혹독한 처벌을 받았답니다.

원래 신문은 새로운 사실을 알리는 역할도 하지만, 잘못된 점을 비판하거나 고치기 위해 여러 의견을 발표하는 장이기도 하지요. 하지만 옛날에 만들어진 《조보》는 이러한 역할을 하지는 못했어요. 그것은 하나의 소식지처럼 쓰여졌던 것이에요.

⑫ 옛날에는 우체국도 없었는데 어떻게 편지를 전했을까요?

팔목에는 끈, 손에는 편지 한 장

1884년 한국 최초의 우표

"어허! 어떻게 손바닥만한 종이 쪽지에 글을 적어 보내겠소! 채신머리없게!"

우리 나라에서 편지 봉투나 엽서에 붙이는 우표가 처음 나온 때는 1884년이었는데, 당시 우표의 가격은 5문(푼), 10문(푼)짜리가 있었다고 해요.

1895년(고종 32년) 6월에는 서울과 인천에 우편 업무를 담당하는 기관인 우체사가 설치되었어요. 당시 우체사에서 편지를 배달하는 사람을 체전부라 불렀어요. 그런데 체전부에게는 웃지도 울지도 못할 일이 많았답니다. 사람들은 우편 제도가 익숙지 않아서 주소를 엉뚱하게 적었거든요.

'숭인동 북쪽 담장 아래 우물집.'

체전부(1910년의 우체부)

가령 누군가 이렇게 주소를 적었다면, 체전부는 그야말로 눈앞이 캄캄해졌어요. 숭인동의 북쪽 담장으로 가서 우물집이란 집은 모두 뒤져 찾아내서 편지를 배달해야 했거든요.

또 편지를 배달하다 사나운 개에게 물린 체전부도 한둘이 아니었답니다.

그러면 체전부가 있기 전에는 도대체 어떻게 편지를 배달했을까요?

옛날에는 아주 급한 편지가 있으면 노비를 보냈어요. 가까운 거리는 뛰어가서 편지를 전해 주었어요. 그리고 먼 길을 가야 할 경우에는 말을 타고 달려서 얼른 소식을 전해 주었답니다.

"대감님, 서찰을 전해 드리라는 분부를 받고 왔습니다요."

노비들은 열심히 달려가서 예의 바르게 편지를 전해 주어야 했어요.

그런데 옛날에는 노비들이 빨리 편지를 배달하게 하려고 잔인한 방법을 쓰기도 했대요. 어떤 사람은 노비의 팔이나 손을 끈으로 바짝 조여 맸대요. 그러면 손이 저려서 고통스러운 노비는 죽자꾸나 하고 달린 것이죠. 한 손에는 편지를 들고 말이죠.

옛날에는 편지를 주고받는 양반들은 편했겠지만, 아랫사람들은 참 고생스러웠을 거예요.

⑬ 전화기가 없었을 때는 어떻게 빨리 소식을 전했을까요?

초고속 통신, 연기

"따르르릉, 따르르릉, 따르르릉……."
"띠리리리 띠리 띠리 띠……."

요즘은 벨 소리의 천국이에요. 집에 있어도, 밖에 나와도 전화 벨 소리를 피할 수가 없지요.

때로는 짜증이 날 때도 있지만, 그래도 전화기가 있다는 게 얼마나 다행이에요? 급한 소식을 빨리빨리 전할 수가 있으니까요.

옛날 사람들도 급한 소식을 전할 일이 많았을 거예요. 하지만 오늘날처럼 전화기나 이메일이 없었으니 다른 방법을 궁리할 수밖에 없었겠죠. 그때는 말, 악기, 연, 연기 같은 것이 소식을 전하는 데 쓰였답니다.

말은 어떻게 쓰였을까요? 맞아요. 말을 타고 소식이 적힌 편지를 전할 때 요긴했겠죠. 말을 타고 채찍을 휘두르며 힘껏 달리면 사람이 걷거나 뛰는 것보다 훨씬 빠르니까요.

하지만 아주 긴급한 소식을 전해 받아

야 할 때에는 그리 유용하지 않았어요.

 예를 들어 시시각각 변하는 전쟁 상황에서 적을 어떻게 공격하면 좋을지 우리 군사끼리 연락을 할 때를 생각해 보세요.

 이럴 때는 바로바로 전략과 전술이 같은 편한테 전달이 되어야 할 텐데, 말이 이 편에서 저 편으로 가는 동안이면 벌써 전쟁이 끝나 버리고 말걸요?

 이 때문에 악기를 쓰게 되었어요.

 징이나 북을 울려서 지금 당장 적을 칠 것인지, 상황이 불리하니 일단 후퇴를 할 것인지를 서로에게 알렸죠. 그런데 가만히 생각해 보세요. 악기의 소리는 먼 곳에까지 들리지 않잖아요. 그래서 사람들은 연을 이용해야겠다고 생각했어요. 이미 약속을 정해 놓고, 어떤 연을 날렸는지를 본 뒤 그 의미를 알아차리는 것이죠.

 하지만 연도 아주 멀리까지는 소식을 전하지 못했죠. 그래서 봉화대에서 불을 피워 올려 연기의 모습으로 서로의 소식을 전했답니다. 이 것이 바로 '봉수 제도'예요.

수원 화성 봉화대

⑭ 자동차가 없었을 때는 어떻게 먼 길을 갔을까요?

가마는 굴리지 말고 높이 들어라

"가마를 준비하도록 해라."

마님이 말씀하시네요? 어딘가 외출을 하시려는 모양이에요. 아주 먼 곳으로 가시나 보죠?

이처럼 지위가 높은 옛날 사람들은 먼 길을 나설 때 자가용처럼 가마를 이용했어요. 남자들은 말을 타고 다니기도 했지만, 여자들은 반드시 가마 안에서 다소곳이 앉아 목적지까지 가야만 했죠.

가마는 네모난 상자처럼 생겼어요. 앞쪽은 사람이 드나들 수 있도록 되어 있고, 양쪽 옆으로는 창이 나 있답니다. 가마는 전체적으로 이렇게 생겼어요. 하지만 신분에 따라 그 크기나 장식이 다양했어요.

임금님이 타고 다니던 가마는 매우 크고 화려했어요. 이것은 '가교'라고 불렸는데, 말이 가마를 운반했지요. 임금님이 타던 또 다른 가마 '연'은 왕비나 왕세자도 탈 수 있었고, '덩'이라는 가마는 공주와 옹주가 탈 수 있는 가마였어요.

우리가 흔하게 보았을 만한 가마는 '사인교'예요. 본 적이 없다고요? 천만에요. 텔레비전 드라마나 영화 같은 데서 분명히 보았을걸요. 결혼식을 할 때 신부가 타고 가는 가마 말이에요.

사인교

"아하!"
하고 무릎을 치는 친구들에게 이 가마에 대해 더 설명해 드릴게요.

원래 사인교는 관리가 쓰던 가마랍니다. 하지만 결혼 같은 특별한 날에는 평민들도 이 가마를 쓸 수 있었어요. 앞뒤에서 한 사람씩 가마를 들고 운반하게 되어 있지요.

이 밖에도 특이하게 생긴 가마가 있어요.

남여

'남여'라는 가마는 사람이 안으로 들어가는 게 아니라 그저 의자처럼 생긴 가마였어요. 말하자면 뚜껑이 없는 가마라는 얘기지요.

아마 비나 눈이 오는 날은 이 가마를 기분 좋게 탈 수 없었겠죠. 옷이 흠뻑 젖을 테니까 말이에요.

ⓑ 옛날에는 손전등도 없었는데 어떻게 밤길을 밝혔을까요?

순라꾼이 들고 다니던 '도적등'

스위치만 '탁' 올리면 어두움이 싹 가셔요. 해가 진 어두운 밤이라도 낮처럼 지낼 수가 있죠. 하지만 옛날에는 이런 전깃불이 없었어요.

그러면 옛날 사람들은 어두워지자마자 모두들 쿨쿨 잠을 잤을까요? 천만에요. 등잔, 초, 제등 같은 게 있었는걸요. 그러면 제등은 무엇일까요? 그것은 지금의 랜턴이라고 생각해도 좋아요. 들고 다닐 수 있는 조명 기구였죠. 어두운 길을 갈 때 많이 쓰였어요.

우리 나라의 대표적인 제등은 청사 초롱이라 할 수 있어요.

손전등과 같은 역할을 하는 제등은 밤에 길을 나설 때나 예식에 많이 사용되었어요. 제등에는 초롱 등롱, 청사 초롱, 홍사 초롱 등이 있어요.

등롱

초롱을 만들려면, 먼저 대나무 등으로 골격을 만들고 그 표면에 종이나 비단 깁을 발라 바람이 들지 않게 막을 쳐요. 그리고 마지막으로 손잡이를 달아, 들고 다니기 편하게 만든답니다. 제등의 내부에 초를 넣으면 초롱이라 부르고, 등잔을 넣은 것은 등롱이라 불러요.

청사 초롱, 홍사 초롱은 밤길에 이용되기도 했지만 주로 의식용으로 쓰였어요.

옛날에는 '조족등'이 있었어요. 조족등은 대나무로 골격을 만든 후 표면에 종이를 바르고 칠을 하였어요. 위에는 손잡이를 달고 내부에는 흔들려도 꺼지지 않을 초꽂이 장치를 하여 이동하기에 편하게 만들었어요.

조족등은 주로 순라군들이 밤에 도둑이나 화재를 경계하기 위해 순찰을 돌 때 사용하였던 것으로, 그 형태가 박과 같다 하여 '박등'이라고도 불렀어요.

그런데 옛날에도 벽에 걸어 놓는 등이 있었어요. 바로 '괘등'이죠. 나무로 만든 육면체의 틀에 유리를 끼운, 제법 큰 등이죠.

괘등에는 요사등이나 발등거리 같은 게 있는데요, 요사등은 투명한 유리 대신 오색의 유리를 끼워 화려한 불빛을 만들어 주었으며, 주로 궁중에서 쓰였어요. 또한 발등거리는 사람이 죽었을 때, 죽음을 알리기 위해 대문 앞에 걸어 두는 데 쓰였답니다.

괘등

16 옛날 사람들은 어떤 배를 타고 다녔을까요?

시 한 수 읊고, 노 한 번 젓고

"봄바람이 문득 부니, 물결이 곱게 일어난다.
돛을 달아라, 돛을 달아라. 어야차!
돛을 달아라 돛을 달아라…….
찌거덩 찌거덩 어야차!
앞산이 지나가고 뒷산이 나타난다."

이 시는 조선 시대 윤선도의 〈어부사시사〉라는 시의 일부분이에요. 돛단배를 탄 시인의 모습이 절로 그려지지 않나요?

그런데 요즘에는 이런 멋진 풍경을 찾아보기가 힘들어요. 자그마한 배에 돛을 세운 채 찌거덩 찌거덩 노를 젓는 배는 사라져 가고, 기계로 움직이는 배가 널리 사용되기 때문이에요.

그렇다면 도대체 옛날에는 어떤 배가 있었을까요?

선사 시대에는 통나무를 잘라 그 가운데를 파낸 통나무 배를 만들어 썼어요. 또한 가죽으로 만든 가죽 배, 나무를 엮어 만든 뗏목 등도 널리 사용되었답니다. 그러다 배를 만드는 기술이 점차 발달하면서 나무 판자를 이용한 목선이 만들어졌어요. 또한 배의 쓰임도 다양해졌는데, 고기를 잡는 어선이 있는가 하면 군사용 병선도 있었어요. 우리 나라의 대표적인 병선으로는 거북선을 들 수 있어요. 거북선은 갑판 없이 거죽을 철판으로 덮은 세계 최초의 철갑선이지요. 그 외에도 아주 많은 물건을 나르는 상선 등이 있었어요.

거북선

나루터를 건너 다니는 배 중에서 돛을 달지 않은 작은 배를 아세요? 그건 바로 거룻배예요. 거룻배는 뱃사공의 노 젓는 힘과 기술이 중요해요. '노'는 배의 꼬리 부분에 고정하고 물 속에서 저어서 가게 하는 긴 장대를 말해요.

돛단배는 돛을 달아 바람을 받아서 다니는 배예요. 큰 돛단배는 '늘배'라고도 해요. 돛은 질기고 튼튼한 천으로 만든, 바람을 잘 받게 하는 장치랍니다. 옛날에는 거룻배와 돛단배가 가장 널리 쓰였어요.

돛단배

그 외에도 다양한 배가 있었어요. 쌍둥배라 하여, 부피가 나가는 짐을 싣기 위해 배 2척을 나란히 묶은 배도 있었고, 당도리라 하여 목선 중에서는 가장 멀리 나가는 원양선도 있었어요. 또 무시무시한 해골선이 있었는데, 이 해골선은 속도가 빨라 군사용으로 쓰였답니다.

옛날 사람들은 어떤 배를 타고 다녔을까? · 47

⓱ 전기가 없었을 때는 어떻게 빛을 밝혔을까요?

어둠을 태워 버린 등잔불과 촛불

"오호, 눈부시구나. 이건 도깨비불도 아니고 참으로 신통하구나."

1887년, 경복궁에 작은 전구 하나가 반짝하고 빛을 터뜨리자 사람들은 모두 깜짝 놀랐어요. 그 불빛은 우리 나라 최초로 켜진 전등이었답니다. 그 전등은 때때로 꺼졌다 켜졌다 오락가락하여 '건달불'이라고도 불렀대요. 그럼, 전등이 없었던 먼 옛날에는 어떻게 불을 밝혔을까요?

아주 먼 옛날에는 송진이 많은 관솔에 불을 붙여서 등불로 썼어요. 이것을 가리켜 '관솔불'이라 해요. 등잔이나 초는 그 후에 등장하게 됩니다.

등잔은 기름을 담은 작은 그릇을 말하는데, 거기에는 타면서 불을 밝히는 심지가 박혀 있어요. 등잔을 언제부터 썼는지 확실하진 않지만, 삼국 시대의 발굴품 가운데 등잔이 있는 것으로 보아 그 이전부터 썼다고 짐작해 볼 수 있어요.

백제 시대에는 무령왕릉에서 출토된 백자 등잔이 쓰였고, 고려 시대에는 옥등잔이라고 하는 대리석 등잔도 쓰였어요. 조선 시대의 백자 등잔은 나무나 철 또는 놋으로 만든 등잔

백자 등잔

걸이 어디에 얹어도 잘 어울려 운치가 있었어요.

등잔은 전기가 들어오기 전까지 참으로 많은 사람들이 썼어요. 그런데 등잔불에는 무슨 기름을 썼을까요? 옛날에는 석유도 없었는데 말이에요. 등잔의 연료로는 쇠기름, 돼지 기름, 어류 기름 등을 썼어요. 또 참기름, 콩기름 등의 식물성 기름도 많이 썼는데, 특히 제사에는 식물성 기름을 주로 썼답니다. 1876년쯤 일본에서 석유를 들여오면서 심지꽂이가 따로 붙은 사기 등잔이 널리 보급되었는데, 이때쯤부터 불의 밝기를 조절할 수 있는 쌍심지도 나왔어요.

초는 등잔처럼 널리 애용되었던 등화구예요. 고려 시대에는 초가 귀하여 궁중에서나 썼어요. 보통 사람들은 횃불로 어둠을 밝혔답니다. 그러다 조선 시대에 오면서 산업과 경제가 발달하여 여러 가지 다양한 초가 개발되었어요. 조선 후기에 이르러선 5개의 촛대를 사용하는 오봉촛대가 궁궐에 등장하기도 했어요. 또한 서민층에서도 초를 쓰면서, 초는 등잔과 더불어 조명 기구의 대명사로 이름을 널리 떨치게 되었던 것이에요.

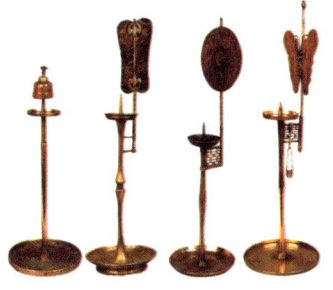

조선 시대 촛대

텔레비전에는 볼거리가 많아요.
신나는 만화 영화도 하고요,
화려한 가수들이 나와 근사한 춤을 추기도 해요.
그런데 옛날에는 텔레비전이나 영화관이 없었답니다.
그렇지만 지금보다 더욱 생생한 볼거리가 많았어요.
인기 있는 명창들이나 춤꾼들이 춤추고 노래했거든요.
그 생생한 라이브 현장에 한번 가 보지 않을래요?

옛날 사람들은 어떤 예술을 즐겼을까?

⑱ 옛날에는 어떻게 사람들의 모습을 남겼을까요?

사진보다 더 닮은 얼굴, 채색 초상화

"크기도 마음에 들고, 색도 변하지 않는 사진을 찍어 드립니다."

우리 나라에 최초로 사진관 문을 연 사람은 서양 화가인 김규진이에요. 사진관이 문을 열자 사람들의 호응은 대단했다고 해요.

사진 값은 보통 1원이었는데, 이는 쌀 한 가마니 값과 맞먹는 비싼 가격이었답니다. 그럼에도 불구하고 많은 사람들은 사진 찍는 것을 좋아했어요. 그 당시 자신의 얼굴을 영원히 보존할 수도 있고, 친구들의 모습도 그대로 간직할 수 있기 때문이었지요. 그럼, 사진이 없었던 옛날에는 어떻게 사람들의 모습을 남겼을까요?

한국인은 예부터 인물의 모습을 그려 남겼어요. 바로 초상화를 그린 것이에요. 초상화란 인물의 모습을 그린 그림을 말해요.

옛 사람들이 그린 초상화를 가만히 살펴보면 모두들 깜짝 놀랄 거예요. 마치 살아 있는 인물이 그림 속에 들어간 듯이 사실적으로 그려져 있거든요.

장보고 초상화

조선 시대에 쓰여진 《성종실록》에 보면 이런 말이 있어요.

"사람이 부모의 초상화를 그릴 때 털오라기 하나라도 닮지 않으면 부모가 아니다."

한 마디로 똑같이 그려야 한다는 것이지요. 비록 그림이지만 부모님의 어느 곳도 손상 없이 모시려고 했던 마음이지요. 이것은 우리 나라의 채색 초상화가 '사실성'을 중요시 여겼음을 보여 주는 대목이에요. 즉, 초상화란 아주 똑 닮은 얼굴을 그려야 하고, 그래야만 초상화라 불릴 수 있었던 것이지요.

초상화 중에는 검은 먹물로만 그려진 것도 있지만, 아름다운 색으로 곱게 그린 것도 많아요.

우리 나라의 채색 초상화는 한국 미술의 대표적인 장르로 손꼽힌답니다. 채색 초상화는 다른 어떤 그림보다 섬세한 표현 기술이 요구되는 그림이에요. 초상화 속의 주인공의 얼굴을 보면 눈은 살아서 우리를 응시하는 듯해요. 그리고 눈썹, 코, 입술, 수염 등을 가만히 보고 있노라면 금세라도 살아 꿈틀거릴 것처럼 보이지요.

⑲ 옛날에 인기 있는 악기는 무엇이었을까요?

신나게 밀치고 당기는 북, 장구, 징, 꽹과리

"하하, 저기 날라리패 지나간다."
우리 나라에 처음 서양 음악이 들어왔을 때, 사람들은 서양 음악을 연주하거나 배우는 사람을 '날라리패'라고 불렀어요. 하지만 요즘에는 누구도 음악 선생님을 날라리패라고 부르지 않아요. 서양 음악이 그만큼 우리들에게 친숙해졌기 때문이지요.

하지만 옛날에는 우리 음악에 대한 애정이 대단했어요. 유명한 명창이 노래한다고 소문이 나면, 동네 사람들은 전부 모여 귀를 기울였지요. 어떤 사람은 명창의 소리를 들을 때 화장실 가는 시간을 아끼기 위해서 요강을 준비했을 정도였대요. 그러면, 옛날에는 어떤 악기가 사랑을 받았을까요? 우리 전통 음악에는 여러 가지가 있는데, 여기서는 사물놀이에서 다루었던 악기를 알아볼까요?

사물놀이는 꽹과리, 장구, 북, 징의 네 가지 악기로 연주하는 음악이에요. 사물놀이는 주로 앉아서 하는데 각 악기의 '잡이'들이 뛰어난 기량을 발휘할 수 있어요. 특히 네 악기가 서로 주고받으면서 엉키고 밀치고 당기는 멋이 있어요.

꽹과리는 놋쇠로 만든 악기인데, 모양이 징과 닮았으나 그보다 훨씬 작아요. 꽹과리는 나무 공이 달린 채로 쳐서 소리를 냅니다. 꽹과리는 자극적이며 충동적인 리듬으로 사람의 감정을 고조시키고 흥을 돋우는 역할을 해요.

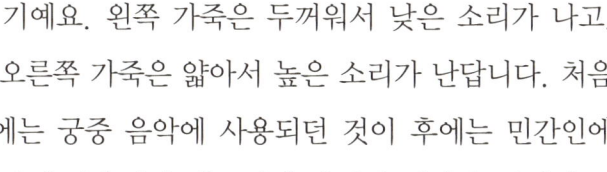
장구

장구는 허리가 가늘게 생긴 나무통의 양쪽에 가죽을 댄 악기예요. 왼쪽 가죽은 두꺼워서 낮은 소리가 나고, 오른쪽 가죽은 얇아서 높은 소리가 난답니다. 처음에는 궁중 음악에 사용되던 것이 후에는 민간인에게 널리 사용되어 대표적인 한국의 악기가 되었어요. 사물놀이 악기 중에서 양손을 가장 바쁘게 움직이는 것이 장구예요. 장구는 아기자기한 장단과 노래, 춤을 이끌어 내어 사물을 풍요롭게 연결시켜 주는 역할을 해요.

징은 '금'이라고도 해요. 징은 채 끝에 헝겊을 감아서 치기 때문에 웅장하고 부드러운 음 빛깔을 내요. 대취타, 무악, 농악 등에서 매장단의 첫 박에 주로 사용됩니다.

징과 꽹과리

북은 만들기가 쉬우며 구조가 간단해요. 오동나무나 미루나무의 중앙을 파내고 양면에 소가죽이나 말가죽을 대어 만들지요. 북은 풍물 대열에서 원래 박자의 기본을 만들어 주어 다른 악기들이 빛날 수 있게 해 준답니다.

북

⑳ 옛날에도 인기 연예인이 있었을까요?

판을 치고 노래하는 스타

스타에 열광하는 팬들의 모습은 이제 흔히 볼 수 있는 풍경이랍니다. 그런데 이런 일이 오늘날에만 있는 것일까요? 옛날에도 인기 있는 연예인이 있었을까요?

우리 나라는 예로부터 춤이나 연극, 음악 등이 발달했지만 여기서는 판소리를 중심으로 살펴볼까 해요. 옛날에 판소리의 명창들 역시 지금과 같은 인기와 사랑을 받았거든요. 당대의 명창은 한 마디로 스타였지요.

판소리하는 모습

판소리란 넓은 마당을 놀이판으로 삼고 판을 벌이는 소리예요. 왼편에 노래를 부르는 소리꾼이 서고, 오른편에 북을 잡는 고수가 앉아 판을 벌인답니다. 소리꾼은 고수의 박자에 맞추어 가며 길고 긴 이야기를 들려 준답니다. 판소리의 종류로는 현재 춘향가, 적벽가, 심청가, 흥보가, 수궁가 등 다섯 마당이 전해 오고 있어요. 판소리는 18세기에 우춘대, 하한담, 최선달과 같은 명창들이 인기를 얻었어요. 19세기에는 권삼득, 송흥록, 모흥갑, 고수관, 염계달 등이 판소리의 기틀을 확립한 전성기였지요.

권삼득은 조선 시대 8대 명창의 제1인자로 전국 방방곡곡에 소문이 자자했어요. 그의 경쾌한 소리는 듣는 이의 가슴을 시원하게 뚫어 주었다 해요. 특히, 그는 놀부가 제비 후리러 나가는 대목을 실감나게 하는 명창으로 유명했어요.

판소리 가사집

조선 후기의 대원군은 판소리의 열렬한 팬이었어요. 어느 날, 대원군은 경회루를 짓고 이를 축하하기 위해 전국의 명창들을 모두 초대했어요. 그런데 그 자리에서 한 청년이 소리를 했는데, 그 소리가 참으로 일품이었어요. 그 소리에 반한 대원군은 소리하는 청년을 불렀어요.

"하하, 그대의 소리는 참으로 일품이오. 단정히 갓을 눌러 쓰고 소리를 하는데, 얼굴도 여자처럼 예쁘구려."

그런데 알고 보니 그 소리의 주인은 청년이 아니라 처녀였어요. 사람들은 모두 뒤로 벌러덩 넘어질 만큼 놀랐어요. 옛날에는 여자가 판소리를 한다는 것은 있을 수 없는 일이었거든요. 그 여인의 이름은 진채선이에요. 그녀 이후에는 허금파, 강소춘, 박녹주 등의 여류 명창이 탄탄히 맥을 이어갔답니다.

21 서양 음계를 몰랐을 때는 어떤 음계를 썼을까요?

궁상각치우, 신나는 우리 음계

'궁, 상, 각, 치, 우'라는 말을 들어 본 적이 있나요? 이건 서양의 '도, 레, 미, 파, 솔, 라, 시'와 같이 음계를 나타내는 말이랍니다. 우리 나라의 전통 음계지요.

위에서 보면 금방 알 수 있듯이 서양의 음계는 모두 일곱 개로, 이것이 위로 아래로 자꾸 반복하게 되어 있어요. 하지만 우리의 음계는 모두 합쳐 다섯 개랍니다.

이것을 두고 어떤 사람들은 우리 민족이 음악적으로 민감하지 못하다는 말도 하고, 또 어떤 사람들은 서양보다 2개나 모자라는 음계로 아름다운 음악을 만드니 훨씬 훌륭하다고 말하기도 하지요.

어떤 사람의 말이 옳은 건지는 판단하기가 무척 어렵답니다. 하지만 그것은 우리 국악과 서양 음악에 대해 어떤 느낌이나 생각을 가지고 있는가에 따라 달라지겠지요.

어쨌든 '궁, 상, 각, 치, 우'의 5음계는 조선 시대에 중국에서 들여온 거예요. 원래 중국의 음계였던 것이 우리 나라에 들어와 우리 민족의 정서에 맞게 바뀐 것이지요.

서양 음악에 장조가 있고 단조가 있는 것처럼, 우리 음악도 마찬가지예요.

서양 음계에서 '솔'에 해당하는 소리가 중심 음이 되면 '평조'라 하고요, '라'에 해당하는 소리가 중심 음이 되면 '계면조'라고 하지요.

〈종묘 제례악〉 연주 장면

장조와 단조의 성격이 다르듯이 평조와 계면조의 성격도 달라요. 평조가 평이하고 밝다면 계면조는 슬프고 애절한 느낌을 주지요.

참, 그리고 잊지 말아야 할 것이 있어요. 음계는 다섯 개지만 꼭 이 음계만으로 곡이 만들어지지는 않는다는 것 말이에요. 무슨 말이냐고요?

서양 음계도 일곱 개지만 이것만으로 곡이 만들어지는 건 아니지요. 반음까지 합쳐 모두 열두 개의 음계가 쓰이듯이 우리의 음악도 마찬가지예요. 음계는 다섯 개이고, 주로 이 음계로 곡이 만들어지지만 이 외에도 다양한 음계가 쓰인답니다.

㉒ 옛날에도 대중 가요가 있었을까요?

스타는 없어도 히트작은 있다

대중 가요는 누구나 알고 즐겨 부르는 노래를 말해요.

가사의 첫 마디만 들어도 누구나 흥얼흥얼 따라 부를 수 있는 노래지요.

요즘에는 힙합이나 테크노 음악이 유행이지만, 여러분의 부모님 세대에서는 통기타를 치며 노래 부르는 포크 송이 유행했답니다. 대중 가요는 당대를 살고 있는 사람들의 마음을 담고 있기 때문에 조금씩 변한답니다. 그러면 옛날에도 인기 있는 대중 가요가 있었을까요?

신라 시대의 대중 가요는 서정적이고 아름다운 노래말을 가진 노래였어요. 이를 '향가'라고 해요.

향가 형식으로 당시 최고의 히트작은 〈제망매가〉, 〈모죽지랑가〉 등이 있어요. 〈제망매가〉는 죽은 누이의 명복을 위해 만든 것으로 매우 구슬픈 노래라 해요. 〈모죽지랑가〉 역시 친구의 죽음을 슬퍼하여 지은 것으로 슬픈 노래였어요. 지금으로 말하면 발라드 풍이 아니었을까요?

하지만 옛날에도 신나는 노래가 있었답니다. 일할 때 부르는 노래인 〈방아타령〉, 〈회소곡〉(길쌈하며 부르는 노래) 등의 노동요도 인기가 있었어요.

고려 시대에는 '속요'라는 대중 가요가 있었어요. 고려 시대에 인기 있었던 속요는 모두 입에서 입으로 전해졌다고 하니, 우리 조상들이 얼마나 노래를 즐겼는지 잘 알 수 있지요. 특히 고려 시대 대중 가요 중에서 가장 인기 있었던 것은 바로 사랑 노래였다고 해요.

대표적인 노래로는, 사랑하는 이를 보고 싶어하는 마음을 그린 〈동동〉이 있어요. 〈쌍화점〉이라는 노래는 듣는 이의 얼굴을 빨갛게 할 정도로 야한 노래였대요.

조선 시대의 대표적인 유행가는 '민요'였어요. 민요는 서민들의 입에서 입으로 전해 오면서 다듬어졌기 때문에 작사자나 작곡가가 따로 없었답니다. 자, 그러면 여기서 문제를 하나 내 볼게요. 우리 나라에서 가장 인기 있었던 민요는 어떤 노래일까요? 정답은 〈아리랑〉이에요. 설마 〈아리랑〉을 모르는 건 아니겠지요?

1920년에 발행된 《시행잡가》에 등재된 아리랑 가사 필사본

23 옛날에는 어떤 춤이 유행했을까요?

강강슬래에서 테크노까지

토끼춤, 올챙이춤, 테크노에 살사까지 요즘에는 참 다양한 춤이 유행이에요. 앞으로도 새로운 춤들이 유행을 하겠지요. 물론 과거에도 유행하는 춤이 있었답니다.

요즘에는 모든 사람들이 평등해져서 춤도 자기가 좋아하는 춤을 마음껏 출 수가 있어요. 하지만 예전에는 평민들이 즐기던 춤과 궁중에서 즐기던 춤이 따로따로였답니다.

강강술래

평민들은 승무, 살풀이춤, 강강술래, 농악, 장구춤, 소고춤, 탈춤 등을 즐겼어요.

승무는 하얀 저고리에 남색 치마를 입은 사람이 머리에는 고깔을, 그리고 손에는 흰 장삼을 끼고 춤을 춘답니다. 마치 스님처럼 어깨에 빨간 장삼도 두르지요. 하지만 불교적인 춤은 아니에요. 보는 사람들에게 아름다움을 전하려는 목적으로 만들어진 춤이랍니다.

살풀이춤은 우리에게 드리워진 나쁜 운을 풀어 낸다는 무속 신앙에서 유래되었어요. 하얀 치마 저고리를 입고, 머리에도 하얀 수건을 쓴 채로 춤을 춘답니다.

강강술래와 농악은 모두 잘 알지요? 여러 사람이 둥글게 손을 잡고 옆으로 돌고 돌며 추는 게 강강술래고, 정초부터 한 달 동안 집집마다 돌아다니며 북, 꽹과리, 징, 장구 등을 연주하며 춤을 추는 게 농악이에요.

농악

장구춤과 소고춤은 각각 장구나 소고를 가지고 추는 춤을 말해요. 그리고 탈춤은 탈을 쓰고 추는 춤이에요.

또한 궁중에서는 춘앵무, 가인전목단, 선유락, 학무, 검무, 문덕곡 등이 있었답니다. 이름이 좀 어렵지요?

'춘앵무'는 조선 순조 때 효명세자가 만든 춤이에요. 봄날 지저귀는 꾀꼬리 소리를 듣고 이 춤을 만들었다고 하지요. '가인전목단'도 효명세자가 만들었어요. 모란꽃을 즐기는 사람들의 모습을 춤으로 나타냈답니다.

'선유락'은 신라 시대 귀족들의 뱃놀이 모습을 춤으로 만든 것이고, '학무'는 학의 탈을 쓰고 추는 춤이에요. 또한 '검무'는 칼을 든 무사의 모습을 그린 춤이며, '문덕곡'은 조선을 세운 태조의 문덕을 칭송하는 춤이랍니다.

24 공연장이 없었을 때는 어디에서 공연을 보았을까요?

경치 좋고 사람 좋고, 얼쑤!

'예술의 전당'에 가 본 적이 있나요? 그곳에서는 연극, 무용, 오페라, 연주회 같은 많은 공연이 무대에 올려지고 있어요. 굳이 예술의 전당이 아니더라도, 공연을 위해 만들어진 공연장은 많이 있지요. 세종 문화 회관이나 국립 극장 같은 큰 공연장도 있고요, 사람이 100명도 채 못 들어갈 만큼 작은 공연장도 있어요.

가면극

물론 옛날에는 이런 공연장이 없었지요. 그렇다고 해서 공연이 하나도 없었을까요? 천만에요. 비록 공연장이 없다고 해도 많은 공연이 이루어졌어요.

임금님을 비롯해 궁궐 안에 있는 사람들은 뜰에서 공연을 즐겼어요. 궁궐 뜰에서는 수십 명의 사람이 연주하는 음악회도 공연되었고, 수십 명의 사람이 춤을 추는 무용도 공연되었지요.

한편, 양반들은 경치 좋은 정자에서 공연을 즐겼어요. 이 경우 공간이 그리 넓지 않으니까 몇 사람이 악기를 연주하고, 노래를 부르고, 춤을 추는 작은 공연이었답니다.

남사당패

일반 서민들 역시 공연을 얼마든지 감상할 수 있었어요. 창을 하는 사람들은 이 마을 저 마을 돌아다니며 절절한 사연이나 익살스러운 모습이 가사에 담긴 노래를 불렀지요. '남사당패'라고 불리는 공연단 역시 전국 방방곡곡 마을과 마을을 찾아다니며 줄타기 같은 아슬아슬한 묘기를 보여 주기도 했어요.

또한 조선 시대 때는 '가면극'이 볼 만했어요. 가면극이란 할아버지, 할머니, 승려, 각시 등 각각 성격을 드러내 주는 가면을 쓰고 연극도 하고 창도 하는 공연이에요. 이 공연에서는 양반 탈을 쓴 사람이 우스꽝스럽거나 바보스
러운 역할을 맡았기 때문에 서민들은 양반들에게서 받은 설움을 공연을 보며 풀 수가 있었답니다. 또한 못된 짓을 하는 승려에 대해서도 마음껏 손가락질을 할 수 있었지요.

비록 멋진 공연장은 없었지만, 공연하는 사람들은 목청을 높여 가며 서민들의 가슴에 꾹 눌려 있던 말들을 대신해 주었어요. 공연을 보는 서민들 역시 연기자들과 함께 울고 웃으며 뜨거운 박수를 보냈답니다.

25 옛날에도 베스트셀러가 있었을까요?

《홍길동전》은 초대형 베스트셀러?

"아버지를 아버지라 부르지 못하고, 형을 형이라 부르지 못하니……."

어디서 나온 대목인지 알겠어요? 이건 바로 그 유명한 《홍길동전》 안에 들어 있답니다. 서자의 몸으로 태어난 슬픔을 말하고 있는 부분이지요.

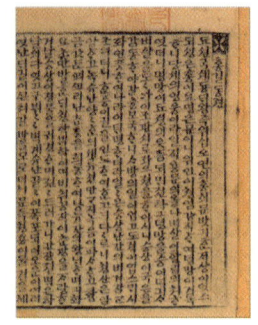
《홍길동전》 원본

홍길동의 어머니는 신분이 낮은 사람이었고 원래 부인이 아닌 첩이었거든요. 이 때문에 제대로 자식 대접을 못 받던 홍길동은 집을 나와 산 속에서 '활빈당'을 세우고 도적질을 시작했어요. 그래서 부유한 사람들의 재물을 훔쳐다가 가난한 사람들을 도와 주지요.

이렇게 애닯고, 통쾌하고, 신나는 이야기는 사람들의 마음을 파고들었어요. 그래서 서로 이 책을 읽으려고 아우성이었답니다. 바로 베스트셀러였던 것이지요.

하지만 이때에는 인쇄술이 널리 보급되어 있지 않았기 때문에 지금처럼 책을 많이 찍어 낼 수는 없었어요. 일일이 손으로 책을 베껴야만 했답니다.

허균의 《홍길동전》은 우리 나라 최초의 한글로 쓰여진 소설이었는데요, 옛날에 백성들로부터 사랑을 받은 베스트셀러는 이뿐만이 아니었어요. 그 뒤로 한글로 쓰여진 소설이 많이 나오게 되었어요. 《심청전》, 《박씨전》, 《별주부전》, 《춘향전》, 《호질문》 등이 모두 그렇지요.

《박씨전》 원본

사람들은 이 책들을 읽기 위해서 오래오래 기다려야 했어요. 남이 빨리 베끼기를 기다렸고, 또 이미 베껴진 책들을 빨리 받아 읽어 보고 싶어했어요.

물론 한글이 만들어지기 전에도 베스트셀러는 있어 왔답니다.

우리 나라 최초의 소설인 김시습의 《금오신화》 역시 많은 사람들이 좋아한 작품이었어요.

한문으로 쓰여진 이 소설은 귀신도 등장하고, 슬픈 줄거리에다 환상적인 일들까지 벌어진답니다. 따라서 이 작품은 너무 재미가 있어 사람들로 하여금 한번 책을 펼치면 눈을 떼지 못하게 만들었답니다.

26 동화 책도 없었는데 어떻게 재미있는 이야기를 알았을까요?

할머니의 할머니의 할머니가 들려 주시던 이야기

《알라딘》,《백설공주》,《신데렐라》,《미녀와 야수》 등의 신나고 재미있는 이야기를 알고 있지요? 꼬마 때부터 책으로 읽어 왔고, 영화로 만들어지기도 했지요. 외국 것만 있는 게 흠이기는 하지만, 이런 이야기를 읽으면 마음 속에 환상적인 이야기가 가득 쌓여요.

옛날 어린이들의 마음 속에도 꿈과 환상과 모험의 이야기들이 가득 채워져 있었어요. 만화영화가 없어도 괜찮았어요. 할머니 입에서 솔솔 풀려 나오는 옛날 이야기가 있었으니까요.

할머니의 입술 사이에서는 영리한 토끼가 깡충깡충 튀어 나오고, 덩치 큰 곰이 어슬렁어슬렁 걸어 나와요. 효녀 심청이 인당수에 빠지기도 하고, 못된 사또가 벌을 받기도 하지요.

할머니는 이런 이야기들을 어떻게 알았을까요?

아마 할머니는 할머니의 할머니에게서 재미난 이야기를 들었을 거예요. 또 할머니의 할머니는 할머니의 할머니에게서 들었겠지요.

이렇게 옛날 이야기는 아주 먼 옛날부터 사람들의 입에서 입으로 전해지며 오늘날까지 이어졌어요.

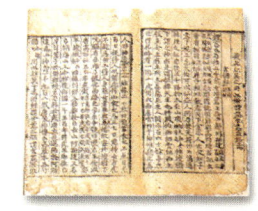
《삼국유사》 원본

이런 얘기들 중에 어떤 것은 우리 나라 역사가 담긴 《삼국사기》나 《삼국유사》라는 훌륭한 책 속에 실려 있기도 했고요.

요즘에도 많은 옛날 이야기들이 '전래 동화'라는 이름으로 우리에게 전해지고 있어요.

그런데 사람들은 이런 얘기들을 왜 좋아할까요? 그리고 왜 이런 이야기를 남에게 해 주는 것을 좋아할까요?

그건 사람들의 마음 속에 이야기를 하고 싶어하는 본능이 있기 때문이라고 해요. 이야기를 하면서 즐거워하고, 현실에서는 도저히 일어날 수 없는 일을 이야기로 지어 내면서 기쁨을 느끼는 거지요.

우리도 동화책을 읽으면서 해적도 되어 보고, 도사처럼 하늘을 날아다니기도 하며, 멋진 왕자님을 만나게 되기도 하잖아요? 그뿐인가요? 동물들과 대화도 나누고, 신령님의 도움을 받아 금 덩어리도 선물로 받고요.

이야기의 세계는 정말 너무나 흥미진진하고 통쾌해요.

백화점이나 시장에 가면 예쁜 옷들이 가득 있죠?
치마, 블라우스, 바지, 스웨터…….
정말 여러 가지 옷들이 걸려 있어요.
또, 유행이라는 것도 있어서
철 지난 옷들은 찬밥 신세가 되곤 하죠.
옛날에는 유행이 없었을까요? 천만에요!
옛날에도 패션에 민감한 멋쟁이들이 많았답니다.
그럼, 옛날 멋쟁이들을 만나러 떠나 볼까요?

옛날에는 어떻게

옷을 만들어 입었을까?

77 옛날에는 어떻게 옷에 색깔을 냈을까요?

입을수록 멋이 나는 색깔

우리 한민족은 흰 옷을 즐겨 입었어요. 그런데 왜 우리 민족은 흰 옷을 즐겨 입었을까요?

그것은 우리 민족이 흰색의 순결성을 좋아했기 때문이라고 해요. 물론, 옛날 가난한 서민들은 염색한 옷을 입고 살 형편이 못 되었기 때문에 흰 옷을 입었다는 이야기도 있어요.

옛날 복장

실제로 옛날에는 좋은 빛깔을 가진 옷감은 비쌌어요. 왜냐하면 옷의 색을 내는 염료가 모두 귀한 천연 염료였기 때문이에요.

옛날 사람들은 옷감에 색을 내는 염료를 나무나 풀, 화초, 과일 등에서 얻었어요.

살림이 넉넉한 양반 집안에서는 쪽, 홍화, 쑥, 오배자 등으로 염색한 한복을 입었어요. 쪽에서는 쪽빛을, 홍화에서는 붉은빛을, 오배자는 갈색, 쑥은 쑥색, 이런 식으로 모든 색상을 천연 염료로 만들었답니다.

또한 맛있는 감을 이용해서 옷을 염색하는 기술도 있었어요. 이를 감물 염색이라 해요.

　감물 염색을 하려면 먼저 7월 중순부터 8월 중순께 채 익지 않아 풋풋한 땡감을 따서 으깹니다. 그런 다음 으깨어 나온 즙을 무명이나 광목, 삼베, 모시 등의 각종 천을 펼쳐 놓고 수차례 입히는 과정을 거쳐 감물 천을 만들어 내요. 감물을 입힌 천들은 한 쪽 면으로 햇볕에 약 5일 낮밤으로 말립니다. 이때 잦은 비가 내리거나 큰 비가 내리면 좋은 빛깔을 내기가 어려워요. 하지만 햇볕에 알맞게 말린 천은 그 빛이 온화하고 깊어요.

　이 천연 염색법은 인간에게도 이롭답니다. 환경 오염이 없고 인체에 해로움이 없기 때문이지요.

　요즘에는 새옷을 그대로 입으면 몸이 근질근질한 경우가 있어요. 이는 일종의 알레르기 반응인데, 천연 염색을 한 옷은 그런 경우가 결코 없답니다. 천연 염색은 항균 효과가 있기 때문이지요.

　어디 그뿐인가요? 천염 염색을 한 옷은 빨아 입을수록 더욱 은근한 빛깔을 낸답니다. 오래 입을수록 멋쟁이 색이 되는 것이지요.

㉘ 재봉틀이 없었을 때는 어떻게 옷을 만들었을까요?

녹슬지 않는 벗, 규중칠우

'규중칠우'라는 말을 아세요? 여자들의 손에서 떨어지지 않는 일곱 친구를 뜻하는 말이지요. 즉 바늘, 실, 가위, 인두, 자, 골무, 다리미를 가리키는 거예요.

규중칠우

이들 중에서 '바늘'은 가장 귀한 대접을 받았어요. 여자들은 바늘이 녹슬지 않도록 특별한 바늘꽂이를 만들었어요. 기름기가 자르르 흐르는 머리칼을 작은 주머니 안에 채워 넣은 거예요. 그러면 바늘을 꽂을 때마다 기름기가 묻어 녹이 슬지 않았답니다.

또한 이 바느질 용구들을 무척 귀하게 여겨 예쁜 함에 보관했어요. 평범한 서민들은 버들고리로 만든 상자나 색지를 오려 붙인 상자 안에 규중칠우를 넣어 두었지요. 부유한 집안의 여인들은 나전칠기와 같이 화려하고 값비싼 함에 보관했고요.

이렇게 바느질하는 일을 귀하게 여겼던 것은 아무래도 우리 민족의 가치관 때문이었을 거예요.

사람이 살아가는 데 기본적으로 꼭 있어야 하는 것 세 가지를 '의·식·주'라고 하지요.

각 민족마다 이 가운데서 더 중요하게 생각하는 것이 있게 마련인데요, 우리 민족은 이들 가운데 특히 '의'를 가장 중요하게 생각했대요. 그래서 밥은 못 먹더라도 어디 외출이라도 할 라치면 좋은 옷을 차려 입고 집을 나섰답니다.

이 때문에 우리 조상들은 바느질을 잘 하는 것을 여자들의 큰 덕이라고 생각했답니다.

바느질 잘 하는 것을 덕스럽다고 하니 여인들은 한 땀 한 땀 정성을 기울이게 되었어요. 수를 놓고, 옷을 짓고, 보자기나 이부자리를 만드는 등 여자들의 바느질 솜씨가 미치지 않는 곳이 없을 지경이었답니다.

지금 우리 나라에는 신석기 시대에 사용되었던 바늘이 남아 있어요. 동물의 뼈를 깎아 만든 바늘이지요. 아마 이것이 우리 나라에서 가장 오래 된 바늘일 거예요.

29 옛날에는 화장품도 없었는데 어떻게 치장을 했을까요?

미인을 만드는 천연 화장품

"옥같이 흰 살결, 초생달 같은 눈썹, 앵두같이 붉은 입술, 윤기 흐르는 검은 머리……."
이 말은 조선 시대 사람들이 꼽았던 미인의 기준이에요.

옛날 박가분 화장품

예로부터 여인들은 얼굴을 희게 보이게 하기 위해 분을 바르고 붉은 연지를 발랐답니다. 삼국 시대 여인들도 마찬가지였어요. 그런데 옛날에는 화장품을 어떻게 만들어 썼을까요?

삼국 시대 여인들은 얼굴을 희게 보이게 하려고 쌀을 이용했답니다. 먼저, 쌀을 맷돌에 곱게 간 후에, 고운 체에 걸렀어요. 그런 다음 조개 껍질을 곱게 갈아 섞어 작은 사기 분합에 담아 아주 소중하게 보관했답니다. 이것을 백분이라 해요. 그런데 이 백분은 비린내가 나는 문제점이 있었어요.

그래서 조선 시대에 오면 이런 비린내를 없애기 위해 연분을 만들어 썼답니다.

연분은 금속 성분인 아연을 넣어 만든 분인데, 얼굴을 희게 보이게 하는 데 아주 좋았어요. 하지만 연분을 많이 바르면, 그 금속 성분 때문에 납 중독을 일으켜 얼굴에 흉터를 남기기도 했답니다.

옛 여인들은 얼굴을 희게 분칠한 다음 붉은 연지를 발랐어요. 붉은 연지는 한여름에 노랗게 피었다가 나중에는 붉은 색으로 변하는 홍화 잎을 재료로 썼어요. 홍화 잎을 절구에 넣고 콩콩 찧은 다음, 베 보자기로 꼭 짠 후 건더기를 그늘에 말렸어요. 그렇게 세 번을 말린 후 동글동글하게 만들어 놓고 필요할 때마다 조금씩 떼어 썼어요.

옛날 신부의 볼 연지 화장

또, 눈썹을 그리기 위해 버드나무 등을 태워 사용했답니다. 숯을 연필처럼 가늘게 만들어 눈썹 그리개로 사용한 것이지요.

머리카락의 윤을 내기 위해 동백 기름과 아주까리 기름을 사용하기도 했어요. 기름을 머리에 골고루 바른 후 참빗으로 여러 번 빗질을 하면 윤기 있는 머릿결을 유지할 수 있었답니다.

또 음력 5월 5일 단오날이면, 냇가에 나가 창포 물에 머리를 감아 빛나고 부드러운 머릿결을 유지했어요.

30 옛날에도 향수를 사용했을까요?

향, 맡지 말고 들어라

향이 나는 연필을 써 본 적이 있나요? 사각사각 글씨를 쓸 때마다 기분 좋은 향이 공책 가득 퍼지지요. 향이 나는 편지지도 있는데, 편지 봉투를 '톡' 하고 여는 순간에는 정말 행복해지지요. 이처럼 향은 사람의 마음을 기분 좋게 해 준답니다.

그런데 옛날 사람들도 향수를 사용했을까요? 그럼요. 옛날에는 남녀 노소 할 것 없이 모두 향을 즐겼답니다. 오히려 지금보다 더욱 열렬히 향수를 즐겼을 정도예요.

옛날에는 침향이라는 것이 있었어요. 국화나 창포, 쑥같이 향내 나는 꽃잎 등을 말려서 베개 속에 넣은 것이지요. 상상해 봐요. 베개 속에서 은은한 향이 퍼진다면, 정말 아침에 일어나기 싫을 거예요.

여러 종류의 난초

옛날에는 몸에서 아름다운 향내가 나도록 여러 가지 방법이 쓰였어요. 난초를 우린 물로 목욕하거나 향수로 목욕함으로써 몸에서 향내를 발산시켰지요. 또, 향기나는 화장품을 쓰기도 했어요. 꽃잎이나 향나무 등을 이용해서 화장품을 만든 것이에요.

조선 선조 때는 '아침의 이슬'이라는 화장수를 제조했다는 기록이 있는데, 이것으로 보아 화장품 제조 기술도 오래 전부터 발전했음을 알 수 있어요.

옛날에는 향이 아기를 점지해 준다는 믿음도 있었어요. 그래서 아이가 없는 부인은 국화 꽃 가루를 담은 향 주머니를 몸에 지니고 다녔대요.

그런데 우리의 향 문화는 아주 독특해요. 왜냐 하면 코로 킁킁 향을 맡은 것이 아니라, 귀로 들었거든요. 향을 귀로 듣다니, 참 이상하지요? 옛날 한양의 돈의문 밖에는 연못이 있었어요. 그 연못은 연꽃이 아름답게 피기로 유명했답니다. 그래서 풍류를 즐기는 선비들은 새벽녘에 연못으로 나가 동이 트기를 기다렸어요.

"그래, 조금만 더……. 이제 곧 연꽃이 필 거야!"

"됐다! 자네 들리나?"

"하하, 벌써 연꽃 향기를 들었다네! 정말 신비한 향기야!"

연못의 연꽃은 '퍽!' 하는 소리를 내면서 피어나는데, 그때 진한 연꽃 향내를 풍겼다고 해요. 선비들은 때를 기다려 향을 즐긴 것이지요. 이를 '연향 풍류'라 해요.

③¹ 목화가 없었을 때는 어떻게 옷을 해 입었을까요?

금보다 사치스러운 천이 있었다는데…

우리가 편하게 입는 바지와 티셔츠 중에는 면으로 만들어진 것들이 많아요. 속옷은 대부분 면이고요. 면은 우리의 피부에 부담을 주지 않고 잘 보호해 주거든요. 땀도 잘 흡수하고 바람도 잘 통하고요.

하지만 이렇게 사람들과 친숙하고 많이 쓰이는 면의 역사는 그리 오래 되지 않았답니다. 삼국 시대까지도 면이라는 것은 우리 나라에 있지도 않았으니까요.

면이 우리 나라에 들어온 것은 고려 말기쯤이었어요. 당시 사신으로 중국에 갔던 문익점이 목화 씨앗 몇 개를 몰래 숨겨 가지고 온 것으로부터 시작된 거지요. 목화로 면직물을 만들거든요.

그럼 그 전에는 도대체 어떤 재료로 옷감을 만들었을까요?

'마'라는 식물에서 뽑은 실로 만든 '마포', '저포'와 같은 것도 있었어요. 누에고치에서 실을 뽑아 만든 '견', '금', '사' 등, 그리고 동물의 털을 뽑아 만든 실로는

마포를 만드는 과정

조선 시대 왕비가 입었던 비단 옷

'계', '전', '구유' 등의 모직물이 있었답니다.

특히 우리 조상들은 마포와 저포를 아주 잘 만들어서 중국에 수출도 했어요. 게다가 염색 기술도 나날이 발전을 하여 빛깔 고운 옷감을 많이 만들어 냈지요.

누에고치에서 뽑은 실로 만든 비단 중 '금'은 가장 아름답고 귀한 것이었다고 해요. 여러 가지 색깔의 실로 비단을 짜면서 다양한 문양을 새겨 넣었다는군요. 금실로 수를 놓기도 했고요.

모직물 중에서는 '구유'가 제일 값진 것이었대요. 이 역시 여러 가지 색깔로 무늬를 만들어 넣은 것으로 '금'보다 더 사치스러운 천이었다고 하는군요.

하지만 안타깝게도 이런 직물들을 오늘날 실제로 우리 주변에서 볼 수는 없어요. 기록에 의해서만 이런 다양한 직물이 있었다는 것을 알 수 있을 뿐이지요.

32 팬티가 없었을 때는 어떤 속옷을 입었을까요?

속옷도 신분에 따라 다르다

속옷은 왜 입을까요? 몸매를 아름답게 하기 위해 입기도 하고, 추위나 더위를 막으려고 입기도 하지만, 뭐니뭐니 해도 위생상의 목적이 제일일 거예요.

고구려 고분 벽화 무용총의 무용도

그렇다면 팬티도 없었던 우리 조상들은 위생적이지 않았던 걸까요?

천만에요. 예전에도 갖가지의 속옷이 있었답니다. 속옷은 예의를 갖추기 위해 입는 옷이기도 했거든요. 신분에 따라 입을 수 있었던 것과 입을 수 없었던 속옷이 따로 있을 정도였으니까요.

우리 조상이 속옷을 입었다고 확실하게 말할 수 있는 최초의 자료는 삼국 시대의 벽화예요. 이 그림들을 보면 저고리 안에 속저고리를, 살짝 들린 치마 아래로 속바지를 입은 것이 보이거든요.

귀족의 경우에는 이 속저고리, 속바지가 단지 속옷일 뿐이었대요. 하지만 그림 속에 나오는 시녀들은 이 속옷을 겉옷처럼 입고 있어요.

고쟁이

속적삼

속속곳

속치마

이후에는 계절과 신분에 따라 다양한 속옷이 등장했어요.

단지 추위를 막아 주거나 땀을 흡수해 주는 위생상의 이유에서 벗어나 겉옷의 맵시를 위해 입는 속옷이 많이 생겼답니다. '무지기', '대슘치마', '너른바지' 같은 속옷이 바로 그 예라고 할 수 있지요. 이들 속옷은 '속속곳', '다리속곳'처럼 직접 살에 닿는 속옷이 아니었어요. 주름이 많이 지게 하거나 매우 크게 만들어서 겉옷이 풍성해 보이도록 하는 효과를 노렸지요.

물론 이런 속옷은 주로 왕족이나 상류층 사람들이 정장을 할 때 사용하던 것이었어요.

만일 평민들이 이런 속옷을 입었다가는 움직일 때 너무 불편해서 일을 제대로 할 수 없었을 거예요.

33 청바지가 없었을 때는 무엇을 입었을까요?

고구려 여자들은 바지도 OK!

옛날에는 청바지가 없었어요. 청바지는 6·25 전쟁 이후 미국에서 들어온 옷이니까요.

하지만 청바지가 없다고 해서 아예 바지가 없었던 건 아니에요. 바지는 오랜 옛날부터 즐겨 입어 왔던 옷이랍니다.

최초의 바지로 생각되는 것은 '무용총'에서 볼 수가 있어요.

무용총은 고구려 때의 무덤인데요, 거기에 사람들이 무용하는 그림이 그려져 있기 때문에 그런 이름이 붙여졌답니다. 바로 이 그림을 보면, 부인이거나 하녀로 보이는, 바지를 입은 사람이 한눈에 금방 들어올 거에요.

고구려 고분 벽화 무용총의 묘주도

아무래도 고구려 사람들은 농사일보다는 말을 타고 짐승을 잡아 먹는 일이 많았을 거예요. 북쪽은 춥고 땅도 거치니까요. 이렇게 말을 타고 사냥을 해야 하다 보니 아무래도 활동이 편한 바지가 필요했겠지요. 천을 대충 둘러 치마처럼 입으면 그게 바로 옷이겠지만, 말을 타기 위해서는 편하게 다리를 벌릴 수 있어야 하니까 말예요.

　이 그림을 보면 바지는 확실히 남자들만 입은 게 아니었어요. 여자들도 똑같이 바지를 입었답니다. 바지를 입으면 일을 하거나 걷거나 움직일 때 아주 편하니까요. 치마보다 따뜻하기도 하고요.

　하지만 신분에 따라 바지의 모양이 조금 달랐답니다. 보통 사람들은 통이 좁은 바지를 입었고, 귀족들은 통이 넓은 바지를 입었어요. 이것 역시 실용성 때문이겠지요. 일을 할 때는 너풀너풀한 바지보다는 몸에 착 감기는 옷이 편했을 테니까요.

　그리고 귀족들은 좀 우아하고 풍채 있게 보이려고 일부러 통이 넓은 바지를 입었을 거예요. 게다가 그들은 일을 열심히 할 필요가 없었으니 실용성보다는 멋이 더 중요하게 여겨졌겠지요.

　바지 위에 입는 저고리 역시 마찬가지였어요. 신분이 낮은 사람들은 저고리도 몸에 딱 맞게 만들어 입었고, 귀족들은 소매를 넓게 만들어 입었답니다.

34 방직기가 없었을 때는 어떻게 옷감을 만들었을까요?

씨줄과 날줄의 노래, 베틀

여러분이 입고 있는 옷을 자세히 들여다보세요. 어떤 모양을 하고 있나요? 실로 뜬 것처럼 고리와 고리가 이어진 모양도 있겠지만, 대부분은 실이 가로와 세로로 엇갈리는 모양을 하고 있을 거예요.

요즘은 커다란 방직기가 저 혼자 알아서 가로 세로의 실을 촘촘히 엇갈리게 옷감을 만들어요. 하지만 이런 기계가 없던 옛날에는 사람의 손으로 일일이 실을 교차시켜 가며 옷감을 만들었답니다.

이렇게 옷감을 만들기 위해서는 틀이 필요했어요. 특히 우리 나라에서는 베로 만드는 옷감이 널리 쓰였기 때문에 동네마다 '베틀'이 흔했지요.

베 짜는 모습

베틀은 실이 걸려 있는 부분과 사람이 앉아서 일을 할 수 있는 부분으로 나누어져 있어요. 의자처럼 생긴 곳에 앉아서 실이 걸려 있는 사이사이로 또 다른 실을 교차시켜 옷감을 만들거든요.

실이 걸려 있는 부분을 '도투마리'라고 해

베틀

요. 그리고 또 다른 실이 감겨 있는 것을 '북'이라 하고요, 교차된 실을 아귀가 꼭 맞게 밀착시키는 부분을 '바디'라고 하지요. 그러니까 도투마리에 걸린 실 사이로 북에 감긴 실을 집어 넣고, 바디를 이용하여 세로와 가로로 엇갈린 실을 꽉 조여 주는 방식으로 옷감을 짜는 거예요.

어른의 옷 한 벌을 만드는 데는 약 한 필 반의 옷감이 필요하답니다. 한 필 반을 짜는 데는 약 일 주일 가량이 걸리고요. 그러니까 옷감을 만드는 일이 그리 호락호락하지 않지요? 온종일 앉아 있으려면 허리가 무척 아팠을 거예요. 또 베틀을 다룰 때는 팔을 계속 움직여야 하니 손목이며 어깨가 얼마나 쑤셨을까요?

이렇듯 어려운 일을 하다 보니까 자연히 노래가 만들어졌어요. 노래를 부르면서 힘들고 지루한 일을 즐겁게 해 보려고 한 거지요. 널리 알려진 노래로는 〈베틀가〉, 〈물레 노래〉, 〈삼 삼기 노래〉 등이 있는데, 가사에는 여자들의 기쁨과 슬픔 등이 담겨 있어요.

방직기가 없었을 때는 어떻게 옷감을 만들었을까요? · 87

35 티셔츠가 없었을 때는 무엇을 입었을까요?

늘었다 줄었다 유행 타는 저고리

티셔츠는 정말 편해요. 티셔츠를 입으면 마구 뒹굴어도 괜찮고, 마음대로 팔을 휘두를 수도 있지요. 옷에 갇혀 있는 느낌이 전혀 들지 않아요.

옛날 사람들은 이렇게 편리한 티셔츠가 없었으니 생활할 때 많이 불편했겠어요. 그럼 우리 조상들은 어떤 옷을 입었는지 한번 살펴볼까요?

아주 아주 옛날, 고구려 사람들은 엉덩이까지 내려오는 긴 저고리를 입었어요. 그냥 놓아 두면 펄럭펄럭 저고리가 벌어질 테니까 허리에 띠를 둘러 단단하게 묶었지요. 깃과 소매는 다른 색깔의 천으로 만들어 저고리가 예뻐 보이도록 장식을 했답니다. 신라나 백제에서 입었던 저고리도 이처럼

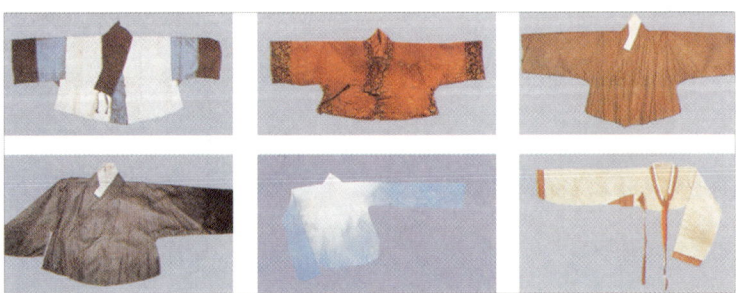

저고리 종류

길고 큼직했어요.

그런데 이런 저고리도 신분에 따라 모양이 달랐답니다. 귀족의 저고리는 품이 크고 소매가 넓었어요. 하지만 평민들의 옷은 품이 적당히 큰데다가 소매가 좁았지요. 아마 평민들이 편안하게 일을 하기 위해서 좁은 소매의 옷을 좋아한 것인지 몰라요. 귀족들은 소매를 펄럭거리며 자기의 신분과 재산을 자랑하고 싶었는지도 모르고요.

고려 후기에 접어들어서는 저고리가 짧아졌답니다.

하지만 조선 시대의 저고리에 비하자면 그건 별로 짧은 것도 아니었어요. 조선 후기의 저고리를 보면 품도 작고 소매도 좁은데다가 길이까지 무척 짧아진 것을 알 수가 있어요. 고려 시대에 짧아졌던 저고리가 날이 갈수록 점점 짧아져서 그런 모양을 갖게 된 것이랍니다.

어떤 저고리는 아예 겨드랑이까지밖에 오지 않는 것도 있었어요. 그래서 우리 나라에 사진기가 없던 시절 외국인이 찍은 사진 가운데는 저고리 아래로 가슴이 다 드러나 보이는 아낙의 모습이 담겨 있기도 해요.

36 옛날에는 왜 여인들이 머리에 치마를 쓰고 다녔을까요?

개화기, 너울을 벗겨라

"이런 발칙한! 감히 아녀자가 얼굴을 드러내고 문 밖을 나서다니! 그 여인을 잡아다 곤장 50대를 쳐라! 그리고 이 일을 널리 알려 아녀자들에게 경종을 울리도록 하여라!"

조선 세종 때의 일이었어요. 이효지라는 양반의 아내가 얼굴을 가리지 않고 외출했다가 발각되는 사건이 있었어요. 마음 착한 이효지는 고개를 숙이고 나라에 빌었답니다.

"죽을 죄를 지었습니다. 그러나 부디 제 아내에게 곤장만은 면하게 해 주십시오."

결국, 그의 아내는 곤장 대신 많은 곡식을 내고 풀려났다 해요. 지금은 상상도 안 되는 일이지만, 옛날에는 이런 일이 아주 당연했답니다. 조선 시대에는 '폐면'이라 하여, 여자들이 문 밖을 출입할 때는 반드시 얼굴을 가려야 했거든요.

그래서 옛날 우리 나라에는 다양한 외출용 쓰개가 있었어요. 장옷, 입모, 너울, 쓰개치마, 천의는 조선 시대 여인들이 얼굴을 가리기 위해 반드시 갖추어야 했던 것이었어요.

조선 시대 여자들의 쓰개 중 가장 대표적인 것이 너울이에요. 너울은 머리 끝부터 쓰게 되어 있는데, 얼굴 부분은 망사 같은 천을 대어 앞을 볼 수 있도록 되어 있어요. 너울은 가난한 평민들은 쓸 수 없었고, 상류 계층만 사용할 수 있었어요.

너울보다 더욱 간편해진 것은 바로 쓰개치마예요. 이것은 치마와 같은 것으로, 썼을 때 치마 허리가 얼굴 둘레를 두르고 손에 쥐일 정도예요. 계절에 따라 겹 또는 솜을 넣어서까지 사용했답니다.

쓰개치마를 걸친 여인

장옷은 두루마기와 모양이 비슷해요. 다른 점은 좌우 모양이 같으며 고름 2개가 귀 밑으로 달려서 매도록 되어 있다는 것이에요.

조선 시대의 장옷

옛날 여성들은 이런 쓰개를 쓰고 밖으로 나가면, 절대 길가에서 벗지 못했답니다. 아무리 재미난 구경거리가 있어도 얼굴 가리개를 들어 올리지 못했어요. 이런 쓰개는 조선 시대 이후 8·15 해방이 되기 전까지도 널리 사용되었어요. 그래서 개화 여성의 상징은 너울을 벗은 여성이었어요. 여성들은 점차 너울을 벗고, 얼굴을 들어 세상을 똑바로 바라보게 된 것이지요.

37 구두도 운동화도 없었을 때는 무엇을 신고 살았을까요?

지푸라기로 만든 히트 상품, 짚신

옛날 사람들이 신었던 신발이라고 하면 우선 '짚신'부터 생각날 거예요. 남자들이 한곳에 모여 지푸라기를 꼬아 짚신을 만들지요. 어디 먼 길이라도 떠나는 사람들은 등 뒤에 짚신을 주르르 꿰어 가지고 집을 나섰고요.

또 생각나는 것이 있다면 '고무신'이겠지요? 말랑말랑하고 납작한 신발 말이에요. 요즘 사람들도 한복을 입을 때면 이 고무신을
신곤 하지요. 그런데 옛날 사람들이 신던 신발에는 이런 것만 있었던 게 아니에요. 그 종류가 얼마나 다양한지 알게 되면 깜짝 놀랄걸요?

우선 아주 아주 먼 옛날, 상고 시대로 거슬러 올라가 볼까요? 이때에는 두 가지의 신발이 있었어요. 부츠처럼 목이 긴 신을 '화'라고 하고요, 보통의 목이 짧은 신을 '이'라고 하지요. '화'는 추운 북쪽 사람들이 즐겨 신었어요. '이'는 대부분의 많은 사람들이 신고 다녔답니다.

통일 신라 시대로 접어들어서는 '화'를 신분이나 성별에 따라 다르게 만들어 신었다고 해요. 귀족 신분의 사람이 아니면 화를 좋은 재료로 만들 수가 없었다고 하는군요. 게다가 남자 신발만 가죽으로 만들었대요. 여자의 신발은 헝겊으로 만들었지요. 신분이 낮은 사람들은 지푸라기로 만든 신발을 신었고요.

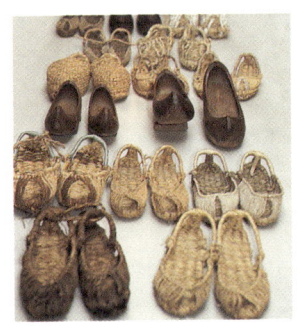
옛날 신발

조선 시대에 이르면 신발이 매우 다양해진 것을 알 수 있어요. 재료도 모양도 아주 다채로워졌지요. 가죽으로 만든 신발, 비단으로 만든 신발, 마와 같은 천으로 만든 신발, 놋으로 만든 신발 그리고 나무로 만든 신발에 지푸라기로 만든 신발이 다양한 모양으로 만들어졌어요. 이 신발들은 신분에 따라 신을 수 있는 것이 정해져 있었어요. 좋은 재료로 공들여 만든 신발은 양반들이 신었고, 일반 서민들은 짚신을 신었답니다. 나무로 만든 나막신은 비가 올 때 특히 좋았는데, 어린 사람이나 평민들은 신을 수가 없었대요.

나막신 만드는 모습

고무신이 들어온 것은 1920년경부터예요. 서양 문물이 들어오면서부터 고무신이 만들어졌어요.

㉞ 전기 다리미도 없었는데 어떻게 옷을 다렸을까요?

빳빳한 옷으로 승부를 낸 옛날 멋쟁이

구겨진 옷을 입으면 괜히 기분도 구겨진 것 같아요. 어쩐지 옷 맵시도 나지 않고, 늘 똑같은 얼굴도 못생겨 보이는 것 같기도 하지요.

어쩌면 옛날 사람도 마찬가지였을 거예요. 후줄근하게 구겨진 옷을 입고서 유쾌해지는 사람은 아마 없을 테니까요. 그렇다면 옛날 사람들은 지금처럼 다리미가 없어서 모두 기분 나쁘게 지냈을까요?

천만에요! 쭈글쭈글한 마음까지 판판하게 펴 줄 인두와 다리미가 있었는데 왜 구겨진 옷을 입었겠어요?

인두

다리미는 쇠로 만든 그릇처럼 생겼답니다. 우묵하게 파인 곳에다 뜨거운 숯을 넣어 쇠를 달구면 멋지게 옷을 다릴 수 있는 다리미가 되는 거지요. 물론 길다란 손잡이도 달려 있지요. 다리미질을 하느라 손을 데면 안 되니까요.

다리미는 쇠로 만들다 보니 쉽게 녹이 슬기도 했답니다. 여기서 조상들의 지혜가 또 한 번 엿보여요. 우리 조상들은 녹이 스는 것을 막기 위해 파릇파릇한 소나무 잎 위에 인두를 놓아 두었어요. 이렇게 하면 기름칠도 할 수 없는 다리미를 좀더 오래 쓸 수 있었지요.

그런데 예전의 다리미질은 지금과는 많이 달라요. 요즈음은 한 사람이 혼자서 충분하게 다리미질을 할 수가 있지요. 다리미판 위에 옷을 잘 펴고 전기 다리미로 구김을 펴 주면 되니까요.

하지만 예전에는 옷마다 풀을 먹여야 했기 때문에 다리미질을 할 때 꼭 두 사람이 필요했답니다. 풀을 먹인 옷이나 천을 두 사람이 마주 잡고서 다리미질을 했던 거예요. 이렇게 옷을 땅에서 떼어야만 풀이 잘 먹으니까요.

또 인두도 빠질 수 없는 도구였어요. 쇠로 된 삼각뿔 모양의 작은 인두는 폭이 좁은 동전 따위를 다릴 때 긴요하게 쓰였어요. 인두질을 하기 위해서는 화로가 있어야 해요. 하나를 가지고 다리미질을 하는 사이 다른 인두를 화로 안에 넣어 두는 거예요. 이렇게 하면 인두가 달구어지기를 굳이 기다리지 않고 빨리빨리 일을 마칠 수가 있잖아요.

39 옛날 사람들도 몸치장을 좋아했을까요?

몸치장의 마지막 마무리는
예쁜 장신구로!

선사 시대부터 사람들은 예쁜 장신구를 사용했어요. 장신구를 사용한 것은 단지 치장하기 위해서만이 아니었답니다. 사람들은 장신구에다 소원을 담기도 하고, 소중한 징표로 사용하기도 했어요.

고대인들은 약속을 할 때 그 약속을 어김없이 지킨다는 뜻으로 매듭을 묶었어요.

"친구, 이 약속은 꼭 지켜야 하네!"

"걱정 말게! 그 표시로 내 팔목에 끈으로 매듭을 묶겠네!"

이렇게 해서 만들어진 것이 바로 팔찌예요. 팔찌는 신라 시대 사람들이 즐겨 사용했으며, 고려와 조선 시대에는 그다지 중요하게 여기지 않아 별로 사용되지 않았어요.

팔찌보다 오랫동안 많은 사람들의 사랑을 받은 장신구가 있는데, 그것이 '지환'이에요. 지환은 손가락에 끼는 반지를 말해요. 삼국 시대의 지환은 신라의 것이 특히 많은데, 그때는 남녀 구별 없이 모두 반지를 꼈답니다. 열 손가락에 모두 반지를 낀 예도 옛날 무덤에서 출토될 정도예요.

조선 시대 사람들도 반지를 좋아했어요. 조선 시대에는

손의 아름다움을 중요시했기 때문에 손에 향수를 바르고, 반지를 끼는 것을 즐겼어요. 그리고 계절마다 유행이 있어 다양한 반지를 사용했어요.

'겨울에는 따뜻해 보이는 금반지! 여름에는 시원한 옥반지! 봄, 가을에는 파란 반지!'

그럼, 옛날 사람들도 귀고리는 했을까요? 물론 귀고리도 했답니다. 옛날 사람들의 몸치장은 요즘 사람들 이상으로 대단했거든요. 특히 신라의 귀고리는 세계 어디에 내놓아도 뒤지지 않을 만큼 아름답고 정교해요. 고려 시대에는 귀에 구멍을 뚫어 작은 환을 다는 풍습이 크게 유행했어요. 하지만 조선 시대에 들어와서는 점차 사용을 하지 않게 되었답니다.

신라 시대 귀고리

"어허! 어찌 부모님께서 물려주신 귀한 신체에 구멍을 뚫겠는가!"

"맞아, 귀에다 구멍을 뚫어 치장을 하는 것은 부모님에 대한 예의가 아니네!"

이런 이유 때문에 귀고리는 조선 시대에는 사랑받지 못했답니다. 고려 시대만 해도 남자들 역시 귀고리를 했는데, 조선 시대에는 귀고리를 하는 남자가 자취를 감추었지요.

④ 웨딩 드레스가 없었을 때 무엇을 입고 결혼했을까요?

일생에 단 한 번만 입을 수 있는 옷

신부의 웨딩 드레스는 하얀 색이지요?

1406년 영국의 공주가 결혼을 하려고 덴마크로 갔을 때 하얀 실크로 된 옷을 입은 데서 흰 옷이 신부를 상징하게 되었다고 하네요.

하지만 고대 이집트에서도 흰 옷을 입었던 기록이 남아 있어요. 신부들은 하얀 드레스를 입고 머리에는 백합으로 만든 화려한 화관을 썼다는 거예요. 꽤 오래 된 역사를 가지고 있지요?

이와는 반대로 우리 나라의 신부들은 빨갛고 화려한 한복을 입고 결혼을 했어요. 이 옷을 '원삼' 이라고 하는데, 원삼에도 여러 종류가 있답니다.

원삼

왕비가 입었던 '황원삼', 비빈이 입었던 '자적 원삼' 그리고 공주나 옹주가 입었던 '초록 원삼' 등이 있었지요. 이건 색깔에 따라 나누어 놓은 것인데, 이 중에서 초록 원삼은 서민들에게도 결혼식 때 단 한 번 입을 수 있도록 허용이 되었어요.

활옷을 입은 전통 혼례 복장

원삼 저고리는 보통 저고리와는 다르게 생겼어요. 앞은 보통 저고리처럼 짧지만, 뒤는 거의 종아리까지 내려올 만큼 길게 늘어져 있답니다.

또한 소매가 굉장히 넓었지요. 두 팔을 뻗어 '앞으로 나란히'를 하면 소매 맨 밑이 거의 무릎까지 내려올 만큼 길게 내려와요. 소매 끝에는 하얀 색의 '백한삼'이 달려 있어요.

그리고 머리에 꽂는 비녀에는 빨간 댕기를 길게 늘어뜨렸답니다.

원삼 말고도 '활옷'이라는 예복 또한 서민들의 결혼식 때 사용되었어요. 이것은 원삼보다 좀더 화려한 옷이었지요. 다홍색 비단에다 장수와 복을 의미하는 한자를 예쁘게 수놓았거든요.

처녀들은 결혼이 정해지면 자기 손으로 혼례복을 만들어야 했어요. 색이 고운 비단을 구해서 일일이 수를 놓고, 한 땀 한 땀 정성들여 바느질을 해서 이 예복을 완성시켰지요. 이렇게 바느질을 하는 동안 무슨 생각을 했을까요?

④ 양말이 없었을 때 무엇을 신었을까요?

발아, 발아, 자라지 마라.
버선코가 울고 간다

"이게 뭐야? 어디에 쓰는 거지?"
우리의 버선을 선물 받은 일본 사람은 그것을 이리저리 살펴보았어요. 그리고 모자처럼 머리에 뒤집어써 보기도 하고 장갑처럼 손에 껴 보기도 했답니다. 이런 모습을 직접 보았다면 얼마나 우스꽝스러웠을까요?

버선

서양에 양말이 있다면, 우리에겐 버선이 있었어요. 좀 불편하기는 해도, 한복에 버선만큼 잘 어울리는 건 아마 없을 것 같아요.

버선은 발의 편안함보다는 발의 맵시를 예쁘게 보이기 위해 신었답니다.

'솜버선'은 버선 안에 솜을 넣어 발을 더 통통하고 예쁘게 보이게 했어요. 이 솜버선은 발을 따뜻하게 하기도 했지요.

솜을 넣지 않고 천을 몇 겹으로 하여 만든 '겹버선'은 복사뼈부터 발등과 발끝까지 이어지는 선이 예쁘게 보이게 했어요.

조선 시대 어린이용 누비 타래버선

아이들의 버선은 '타래버선'이에요. 버선

에 솜을 넣고 누빈 다음 색깔이 예쁜 실로 수를 놓았지요.

 아이들은 온종일 뛰고 기고 걸으며 움직이니까, 발목 뒤에 끈을 달아 놓았어요. 이것을 앞쪽으로 당겨 매면 아무리 움직여도 버선이 벗겨지지 않았거든요.

 또, 버선코에는 예쁘고 귀여운 술을 달았어요. 술은 약간 두꺼운 색실을 여러 가닥 모아 모양을 내기 위해 단 것을 말해요. 술을 달면 아이들이 걸을 때마다 색실이 찰랑찰랑 흔들렸지요. 술의 색깔은 남자의 것이 남색, 여자의 것이 빨간색이었어요.

 '여자들은 발이 작아야 해.'

 옛날 사람들은 여자들의 발이 작아야 예쁘다고 생각을 했어요. 그래서 여인네를 놀리거나 비난할 때는 "발이 솥뚜껑만하다."라고 말했다고 해요.

 이 때문에 여자 아이의 발이 잘 자라지 않도록 '틀버선'이라는, 발에 꼭 끼는 작은 버선을 신겼다고 해요. 한창 자랄 7세 무렵의 여자 아이에게 이런 버선을 신게 하다니, 좀 심한 것 같지 않나요?

42 옛날에는 어떤 모자를 썼을까요?

멋이 되기도 하고 흉이 되기도 했던 갓

우리 나라 마지막 임금인 고종은 '단발령'을 내렸어요. 머리를 서양식으로 짧게 자르라는 명령이지요. 그러자 나라 안은 벌집 쑤셔 놓은 듯 난리였어요. 자살하는 사람들도 있었어요. 그러자 놀란 임금님은 단발령을 취소하고, 머리카락을 자르든 말든 자유 의사에 맡겼답니다.

왜 옛날 선비들은 목숨을 끊으면서까지 머리카락을 지켰을까요?

옛날 사람들은 신체나 머리카락은 부모님이 물려주신 것이니 소중히 여겨야 한다고 생각했어요. 그래서 남자들은 머리카락을 자르지 않고 상투를 틀었어요. 그리고 웬만하면 맨상투를 드러내지 않고 모자를 썼어요. 그러면 옛날 사람들은 어떤 모자를 썼는지 알아볼까요?

예로부터 모자는 마치 의상처럼 신분과 계절에 따라 모양이 다양했어요.

모자의 종류로는 삼국 시대 때 상류층에서 사용한 관모로, 금판 장식을 세운 금관이 있어요. 그리고 금관과 같은 용도로 금에 동을

옛날 모자

섞은 금동관, 조우관, 나관, 투구, 면류관, 사모, 탕건, 아얌, 갓, 평량자 등 여러 가지가 있어요.

모자를 만드는 재료 또한 다양해서 하층민들이 사용하는 벙거지는 털가죽으로 만들었어요. 서민과 상인이 사용하는 평량자는 대나무를 가늘게 오려 만들었답니다. 조선 시대 양반이 썼던 갓은 대나무를 오려 만들고, 그 위에 말총으로 싸서 옻칠을 했어요.

특히, 갓은 조선 시대 대표적인 모자로 양반의 권위를 나타내기도 했어요. 갓은 본래 햇볕이나 비와 바람을 가리기 위한 실용적인 용구로서의 쓰개였어요. 하지만 갓은 선비들의 지위와 품위를 나타내는 데 빠져서는 안 될 중요한 것이기도 했답니다.

옛날에는 신분에 따라 갓의 크기가 변했을 정도예요. 흰 도포 자락을 휘날리며 챙이 넓은 '하늘 같은' 갓을 쓴 모습은 선비들의 자부심이었지요.

하지만 갓 때문에 웃지 못할 사건들이 많았대요. 어떤 사람은 갓이 너무 넓어서 문을 통과할 때마다 걸리적거릴 정도였다고 해요. 또, 앞을 잘 보지 못한 경우도 많았고요.

㊸ 미용실도 없었는데 어떻게 머리를 매만졌을까요?

숟가락처럼 소중한 필수품, 빗

요즘에는 머리를 짧게 자르거나 퍼머를 해서 간편하게 머리 모양을 만들 수 있어요. 꼭 빗이 없더라도 손가락으로 쓱쓱 빗으면 그만이지요. 어떤 때는 약간 헝클어진 머리가 더 자연스러워 보이기도 하고요.

하지만 옛날 사람들은 머리가 단정한 것을 좋아했어요. 그래서 빗은 숟가락이나 젓가락처럼 필수품이었답니다.

아침에 일어나면 먼저 세수를 하고 머리부터 깔끔하게 정리했대요. 그러기 위해서는 집안에는 여러 종류의 빗이 필요했다고 하지요.

가장 먼저 쓰이는 빗은 '얼레빗'이었어요. 잠을 잔 동안 헝클어진 머리를 촘촘한 빗으로 빗으면 무척 아플 거예요. 그래서 이 얼레빗은 살이 넓게 만들어졌답니다. 이 빗으로 슬슬 훑어 내리면서 꼬여 있는 머릿결을 곧게 풀어 주는 것이지요.

그 다음에는 이렇게 대강 빗은 머리를 '참빗'으로 곱게 빗어 내리지요. 참빗은 살이 가늘고 촘촘해서 머리카락 한 올 한 올을 가지런하게 정돈하는 데 꼭 필요했어요.

마지막으로는 신분에 맞는 머리 모양을 스스로 만들었답니다.

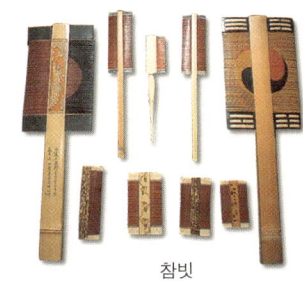
참빗

남자 어른은 상투를 틀었고요, 여자 어른은 쪽을 짓거나 땋아서 머리 둘레에 얹고요. 그리고 결혼하지 않은 남자와 여자들은 머리를 길게 땋아 내렸지요.

머리를 장식하는 장신구도 여러 가지가 있었어요.

쪽 지을 때 머리칼을 고정시키는 '비녀'는 그 대표적인 장신구였지요.

이 밖에도 예쁜 장식을 핀처럼 꽂는 '꽃이'도 있고요, 상류 계층에서 쓰던 '떨잠'도 있어요.

비녀

떨잠은 금이나 은으로 만들어진 바탕에 보석이나 칠보로 장식을 한 장신구인데, 움직일 때마다 파르르 떨리도록 만들어졌지요. 예쁜 떨잠을 머리에 꽂고서 사뿐사뿐 걸어가는 옛날 여인을 상상해 보세요. 마치 꽃이 바람에 나부끼듯, 나비가 팔랑팔랑 나는 듯 예뻐 보였을 거예요.

한번 눈을 감고 먹고 싶은 것을 상상해 보세요.
피자, 스파게티, 케이크, 햄버거, 콜라 등
여러 가지 맛난 먹을 거리가 떠오르죠? 그런데 이런 음식은
불과 1백 년 전만 해도 상상조차 하지 못한 것이었어요.
식생활도 세월따라 점점 변해 온 것이에요.
그럼, 옛날 사람들은 어떤 음식을 즐겨 먹었을까요?

옛날에는 어떤 음식을 먹고 살았을까?

44 믹서기가 없었을 때는 어떻게 음식을 갈았을까요?

쿵덕쿵! 둥글한 곡식을 맛나게 찧는 법

"웨엥~" 하는 시끄러운 소리가 나면, 믹서 안에서는 음식이 잘게 부서지지요. 말랑말랑한 토마토나 딸기도 제 모양을 알 수 없을 만큼 갈아져서 맛있는 주스가 돼요. 그뿐인가요? 쌀이나 녹두같이 딱딱한 곡식도 가루가 되지요. 어렵지도 않고 힘들지도 않지요. 단지 버튼 하나만 누르면 모든 게 해결되니까요.

하지만 믹서가 우리 생활에 보편적으로 쓰인 것은 얼마 되지 않았어요. 옛날에는 일일이 손으로 모든 일을 해야 했답니다.

그럼, 어떻게 곡식을 갈았을까요?

맷돌과 방아들

우리 조상들은 방아를 썼어요. 달을 보면 토끼가 계수나무 아래서 방아를 찧고 있다고 하지요? 거기서 쌀가루가 떨어져 눈이 내리는 거라고 하잖아요.

방아는 토끼가 쓰는 것처럼 모래 시계같이 생긴 것도 있고요, 그 밖에도 여러 가지 모양이 있어요. 물이 흐르는 힘을 이용한 '물레방아'도 있고요, 사람이 발로 밟는 힘을 이용한 '디딜방아'도 있어요.

물레방아는 커다란 물레 위로 물이 흐르게 해서 한 바퀴 돌 때마다 '공이'가 '확'을 쿵 찧게 만든 것이지요. 디딜방아는 틀 한 쪽 끝을 힘있게 내려 밟았다 놓았을 때 공이가 확을 찧게 만든 것이고요.

그런데 '공이'는 뭐고 '확'은 또 뭐냐고요?
공이는 틀에 불쑥 튀어 나오게 박아 놓은 나무를 말해요. 이것이 곡식을 힘껏 두들겨서 잘게 부수는 일을 하지요. 확은 땅을 움푹하게 파서 그 안에 곡식을 담아 두는 구덩이고요. 이렇게 해야 공이에 맞은 곡식들이 다른 곳으로 튀어 나가지 않잖아요.

절구

토끼가 쓰는 방아, 즉 절구도 곡식이 흩어지지 않도록 움푹 파여 있어요.

절구를 쓸 때에는 사람이 야구 방망이처럼 생긴 공이로 곡식을 직접 힘껏 내리쳐야 했지요. 그 딱딱한 곡식을 빻느라 손이 얼마나 아팠을까요? 지금은 손가락 하나면 모든 게 오케이인데 말이에요.

믹서기가 없었을 때는 어떻게 음식을 갈았을까요? · 109

45 전기 밥솥도 없었는데 어떻게 밥을 지었을까요?

솥 하나면 밥, 국, 반찬이 뚝딱!

"삐삐삐삐삐……."

저녁에 쌀을 씻어 전기 밥솥에 넣어 두면 아침에 이런 소리가 나지요. 전기 밥솥이 맞추어진 시각에 꼭 맞게 밥을 다 지어 놓았다고 표시를 하는 거예요. 밥을 지으려고 아침 일찍 일어날 필요도 없어요. 굉장히 편리한 세상이지요.

하지만 옛날에는 전기 밥솥이 없었지요. 무쇠로 만든 커다란 솥에 밥을 지었답니다. 가마솥 말이에요.

이 커다란 가마솥에다가는 한 말이나 되는 쌀로 밥을 지을 수가 있대요.

예전에는 온종일 일을 너무 많이 했는데, 빵이나 라면, 과자처럼 다른 먹을거리가 별로 없으니까 밥을 많이 먹었지요.

게다가 할머니, 할아버지에 삼촌, 고모, 수많은 아이들까지 대가족이 함께 살았기 때문에 큰 가마솥은 꼭 있어야만 했어요.

가마솥으로는 밥만 지은 것이 아니라 국도 끓였어요. 뜨거운 물이 필요할 때는 물도 끓였지요. 이모저모로 쓸 데가 많았지요?

게다가 뚜껑도 요긴하게 쓰였답니다. 부침개를 부칠 때, 뚜껑을 탁 뒤집으면 넓적해서 여러 개를 한꺼번에 부칠 수 있는 훌륭한 프라이팬이 되지요.

지금도 절이나 산골 마을에 가면 가마솥을 볼 수가 있어요. 물론 민속촌에서도 볼 수가 있고요. 여기에다 지은 밥맛은 어떨까요? 얄팍한 전기 밥솥 용기에 지어진 밥보다 두툼한 무쇠 용기에 지어진 밥이 더 꿀맛일 것 같지 않나요?

가마솥

요즘에는 무쇠로 만든 솥이 다시 인기래요. 여기에 지은 밥을 먹으면 맛도 뛰어나고 건강에도 좋다고 해서요.

우리 나라에서 무쇠 솥이 쓰인 것은 삼국 시대부터였어요. 그 전에는 흙으로 빚어서 만든 토기에 밥을 지었다고 하는군요.

46 냉장고도 없었는데 어떻게 김치를 보관했을까요?

땅에 묻은 김치 냉장고

우리 나라 사람들이 즐겨 먹는 반찬 1호는? 그건 바로 김치예요. 김치는 아삭아삭 맛이 좋고, 영양분을 골고루 가지고 있어서 몸에도 좋아요. 그래서 계절에 관계 없이 항상 밥상에 올라가는 것이 김치예요.

현대에 와서는 김치를 만들어 냉장고에 보관하지요. 김치가 일찍 쉬는 것을 막고 차갑게 먹기 위해서지요. 그럼, 옛날 사람들은 어디에 김치를 보관했을까요? 냉장고도 없었는데 말이에요.

옛날 사람들은 익혀 먹는 시기의 길고 짧음에 따라 김치의 보관 장소를 구분했어요. 좀 일찍 먹을 김치는 독에 담아 서늘한 응달에 보관했답니다. 그래야 김치의 신선한 맛을 살릴 수 있거든요.

김치를 맛있게 먹으려면 차게 보존하는 것이 가장 좋아요. 이때, 김치 맛을 다스리는 역할을 하는 것이 바로 '독'이랍니다. 독은 흙으로 빚은 커다란 질그릇이에요. 이 그릇은 플라스틱 그릇과는 다르게 숨을 쉬어요. 햇볕이 뜨거운 여름철에 장을 담은 항아리를 본 적이 있나요?

장 항아리를 자세히 살펴보면, 하얗게 소금이 서려 있거나 끈적끈적한 물질이 밖으로 뿜어지는 것을 볼 수 있어요. 이것은 바로 옹기가 숨구멍을 통해 나쁜 노폐물을 밖으로 내보내고 있다는 증거예요. 이처럼 흙으로 빚은 옹기는 숨을 쉬면서 온도를 조절하는 신비한 능력을 가지고 있답니다. 특히 서늘한 응달에 놓인 김칫독은 김치 맛을 신선하고 생생하게 보관하는 데 최고랍니다.

그럼, 겨울에 먹을 김치는 어떻게 보관할까요? 겨울에 만들어 봄까지 오랫동안 맛있는 김치를 먹을 수 있는 비결은? 그건 김칫독을 땅에 묻는 거예요. 꽁꽁 얼어붙은 땅 속에서 김칫독은 훌륭한 냉장고 역할을 한답니다.

옛날 사람들은 겨울철에 김장을 하면, 김칫독을 땅에 묻고 그 위에다 짚을 엮어서 덮었어요. 그런데 왜 짚으로 덮었을까요? 그건 짚이 열을 잘 보존하고, 바람도 잘 통하기 때문이에요. 이렇게 보관한 김치는 따뜻한 봄이 와도 아삭아삭한 신선함을 유지할 수 있었어요. 그래서 옛날 사람들은 짚으로 움을 지어 김치류나 음식을 적당한 온도로 보관하기도 했답니다.

겨울에 김치를 보관하던 움

47 총도 없었는데 어떻게 사냥을 했을까요?

나는 꿩 위에 채 가는 매 있다

매 사냥(화가 모름, 조선 시대)

사냥의 역사는 인간의 역사만큼이나 오래 되었어요. 인간이 지구상에 나타나 먹고 살기 위해 처음 시작한 것이 사냥이었으니까요. 그러면 옛날에 사람들은 어떻게, 무엇을 가지고 사냥을 했을까요?

옛날에는 여러 가지 사냥법이 있었어요. 활을 쏘아 잡기도 하고 덫이나 함정, 그리고 매를 이용해서 잡기도 하지요. 그 중에서 매 사냥은 겨울철 전통 사냥의 진수예요.

매 사냥은 야생 매를 길들여서 꿩을 잡아 오도록 하는 것이에요. 매 사냥은 고조선 시대에 북방 수렵 민족인 숙신족으로부터 들여왔어요. 백제 때에는 이를 일본에 전해 주었어요. 조선 시대에는 '내응방'이라는 관청을 두고 군역 대신 매를 잡게 했어요.

매 사냥에서는 사냥 전날 매를 적당히 굶기는 일이 매우 중요해요. 매의 컨디션 조절이 끝나면, 매 사냥을 총지휘하는 사람이 매를 팔뚝에 얹고 앞장을 서서 매 사냥을 떠나요.

그 뒤로는 수십 명의 꿩털이꾼이 뒤따라 나서지요.

"훠이! 훠이!"

어느 꿩 밭에 꿩이 몇 마리 숨어 있는지 대충 아는 꿩털이꾼들은 소리치며 꿩을 찾아다녀요. 그러다 꿩이 날아오르면 꿩털이꾼들은 소리친답니다.

"애기야!"

이 외침은 매와 꿩의 싸움이 본격적으로 시작됨을 알리는 선전 포고인 셈이지요. 높이 날던 매는 꿩이 어디에 숨더라도 따라가서 드센 발가락으로 잡아 낸답니다.

우리의 전통 매 사냥은 농촌 사람들이 도시로 몰려들고, 또한 자연이 심하게 훼손되자 점점 줄어들게 되었답니다. 하지만 다행히도 매 사냥의 전통은 이어져 오고 있어요. 전라북도 진안 백운면에는 5천 년 전통의 진안 매 사냥이 내려오고 있답니다. 해마다 겨울이면 마을 사람들은 다같이 어울려 매 사냥을 한답니다. 매 사냥은 사람과 자연, 그리고 들짐승이 어울려 뒹구는 신나는 놀이 한 판이라 할 수 있어요.

매

48 기계로 된 농기구도 없었는데 어떻게 농사를 지었을까요?

손이 되고 발이 되었던 재래 농기구

"로봇이 토마토를 딴다."

요즘은 농사를 짓는 데도 로봇이 이용되고 있어요. 산업용 로봇을 이용해서 토마토를 따게 할 수 있을 정도니까요. 어디 그뿐인가요? 뜨거운 뙤약볕 아래 허리 구부리고 해야 하는 모내기도 이앙기라는 기계가 덜컥덜컥 해 주지요.

그런데 로봇이나 기계식 농기구가 없었던 옛날에는 무엇으로 농사를 지었을까요?

봄에 주로 쓰이는 농기구는 땅을 파내는 기구예요. 현대에는 트랙터를 이용해서 땅을 파 엎지요. 하지만 옛날에는 가래질을 했답니다. 가래는 흙을 옮기거나 도랑을 치고 논둑을 가는 데 쓰는 농기구예요. 가래에는 종가래와 화가래가 있어요. 사용 방법은 가래날에 줄을 매지 않고 혼자 가랫장을 잡고 흙을 떠 넘기기도 하고, 가랫날에 동아줄을 매어 양쪽에서 여러 사람이 당기기도 했어요.

옛날 농기구

여름에는 물 푸는 기구가 중요해요. 물을 푸는 데 가장 많이 이용되어 온 연장은 맞두레와 용두레였어요.

맞두레는 두 사람이 마주 서서 두레를 잡고 물을 푸는 것이에요. 용두레는 긴 장대로 삼각대를 설치한 후 그 꼭지에 두레를 매달아서 한 사람이 물을 푸는 기구랍니다. 그러나 요즘에는 동력 양수기가 이를 대신하고 있어요.

맞두레질

가을에는 낫이 빠질 수 없어요. 낫은 잘 익은 벼를 수확하는 연장이기 때문이지요. 또 낫은 농작물이나 풀·나무 등을 베는 데도 쓰이는 농기구로, 대체로 'ㄱ'자 모양이에요. 또 도리깨라는 것이 있는데, 바짝 말린 보리나 밀·콩 등의 이삭을 타작할 때 쓰지요.

곡식의 이삭을 따내는 데 쓰이는 것은 보리홀태와 나락홀태가 있어요. 보리홀태는 보리의 이삭을 따 내는 데 쓰이는데, 날이 둥글고 일렬로 반듯하게 배열되어 있어요. 나락홀태는 벼를 훑어 내는 데 쓰며 '그네'라고도 해요. 한 움큼의 벼를 쥐고 발판을 밟은 다음, 날 사이로 훑으면 낱알이 후두둑 떨어진답니다.

나락홀태(그네)

기계로 된 농기구도 없었는데 어떻게 농사를 지었을까요? · 117

49 옛날에는 어떻게 물고기를 잡았을까요?

먼 옛날 강태공은 무얼 낚았을까?

낚시하는 모습
(정선 그림, 조선 시대)

옛날에는 어떤 도구를 이용해서 물고기를 잡았을까요? 옛날 물고기를 잡는 도구로는 크게 그물과 낚시 등으로 나눌 수 있어요. 낚시에는 한 마리씩 건져 올리는 외낚시가 있고, 한꺼번에 여러 마리를 잡는 주낙이 있어요.

옛날 그림에 보면, 홀로 앉아 낚싯대를 드리운 사람을 흔히 볼 수 있어요. 고요한 산 깊은 곳에서 낚싯대 하나 드리우고 물 속을 바라보는 선비의 모습은 정말 한가하고 여유로워 보이지요. 농사를 짓는 농민들도 겨울철이면 낚시를 했어요.

사람들은 바쁜 농사철을 피해서 호수나 강에서 낚시를 했어요. 옛날에는 공해가 없었기 때문에 맑은 강물 속에서는 싱싱한 물고기가 팔딱팔딱 뛰어놀았답니다. 그러면 서로들 강물 속에 낚싯대를 던지며 자유롭게 여유로운 시간을 보내곤 하였어요.

낚시 말고 물고기를 잡는 다른 도구로는 반두·통발·쟁

통발

이(투망)·작살 등이 있어요.

'반두'는 물이 흐르는 곳이나 물가의 풀숲에서 고기를 몰아 잡는 것이에요. 가는 대 조각으로 만든 '통발'은 물꼬에 뉘어서 박아 두고 미꾸라지 등을 잡아요.

통발과 비슷한 '가리'는 얕은 저수지에 떠오르는 붕어 등을 띄워서 잡아요. 작살은 맑은 냇가에서나 바위 틈에 숨어 있는 숭어, 붕어 등을 찔러 잡는 일반 작살과 진흙

바닥을 긁어 잡는 '가래창'이라는 장어 작살이 있어요.

바닷가에 사는 어부들은 배를 타고 나가 고기를 잡았어요. 옛날에는 지금과 같은 큰 배가 아니라 작은 배를 타고 나가 고기를 잡은 것이지요. 그리고 어촌에서는 흔히 배를 만들 때나 고기를 잡으러 나갈 때 고사를 지냈어요. 대부분 음력 정월 보름에 마을 제사와 함께 풍어제를 지냈답니다.

"제발, 복을 베푸시어 만선이 되게 해 주세요."

"태풍이 몰려와서 사람들이 다치거나 죽지 않도록 해 주세요."

이렇게 풍어제를 지냄으로써 어부들은 많은 복과 부, 안전을 빌었답니다.

50 성냥도 없었는데 어떻게 불을 사용했을까요?

아무리 친해도 빌려 주지 않은 불씨

옛날에는 성냥이 없었어요. 라이터도 물론 없었지요. 그런데 어떻게 불을 붙였을까요?

부싯돌

아마 원시인들이 나무를 빠르게 비벼대거나 두 개의 부싯돌을 부딪는 모습을 본 적이 있을 거예요. 그러면 나무에서는 스르르 연기가 피어 오르고, 돌에서는 번쩍 불꽃이 튀지요.

우리 조상도 아주 옛날에는 이런 식으로 불을 만들어 냈을 거예요. 하지만 이건 너무 어렵지요. 그래서 한번 불을 얻게 되면 그걸 소중하게 다루었답니다. 절대 꺼지지 않도록 말이에요.

불을 다루는 사람은 대부분 여자였어요. 식사 준비를 하거나 방을 따뜻하게 하는 일을 도맡아 했으니까요. 이 때문에 한 집안의 며느리들은 불을 책임져야 했지요.

불씨를 꺼뜨리면 집안이 망한다고 생각했기 때문에 절대로 조심, 또 조심해야만 했어요. 불씨를 꺼뜨릴까 봐 잠도 푹 잘 수가 없었답니다.

겨울에는 방에 불을 때야 했으니까 그래도 나았어요. 하

돌화로

지만 불을 때지 않는 계절에는 방이 더우면 안 되니까 활활 타오르던 불을 아주 작게 만들어 불씨를 남겨 두었어요.

불씨란 화로에 숯과 재를 가득 담아 그 속에 불이 붙은 나무 조각이나 왕겨를 묻어 두는 것을 말해요.

며느리는 이렇게 작은 불씨가 꺼질까 조바심치며 자다가도 깨어나 자주자주 불씨를 확인해야 했기 때문에 깊은 잠을 잘 수가 없었어요.

그리고 불씨는 친한 이웃에게도 나누어 주지 않았대요. 불씨가 집 밖으로 나가면 복도 따라 나간다고 하는 미신 때문이지요. 자기 복이 불씨를 받아 간 사람에게로 넘어간다고 믿었던 거예요.

이렇게 하여 수십 년 동안 꺼지지 않고 이어져 온 불을 꺼뜨린 며느리는 자기가 집안의 수치라고 생각했나 봐요. 지금 생각하면 참 우습죠?

이런 일에 얽힌 옛날 이야기가 지금까지 많이 남아 있답니다. 특히 불씨를 꺼뜨린 며느리가 스스로 목숨을 끊어 불이 된 이야기가 유명해요.

🗐 커피가 없었을 때는 어떤 차를 마셨을까요?

차일까, 만병 통치약일까?

결명자차, 국화차, 율무차, 감초차, 감잎차, 오미자차, 계피차, 구기자차, 생강차, 들깨차, 설록차, 유자차, 오가피차……

이게 다 차 이름이에요. 우리 조상들이 즐겨 마시던 차들이랍니다.

커피는 6·25 전쟁 뒤에야 우리 나라에 전해졌거든요. 참 짧은 역사이죠.

우리 나라에서는 신라 시대 이전부터 차를 마셔 왔다고 해요. 그러나 차의 생산지가 남쪽 지방으로 한정되어 있어 널리 보급되지는 못했답니다. 그래서 주로 중국에서 들여와 차를 마셨다고 전하지요.

우리 조상들은 다음과 같은 이유로 차를 좋아했대요.

첫째, 머리가 맑아진다.

둘째, 귀를 맑게 해 준다.

셋째, 눈이 맑아진다.

넷째, 밥맛이 좋아진다.

다섯째, 술에 취했던 것이 깬다.

여섯째, 잠을 적게 잔다.

일곱째, 갈증이 멈춘다.

여덟째, 피로가 풀린다.

아홉째, 추위나 더위를 막을 수 있다.

이 밖에도 차를 마시면 마음이 편해지고 기운이 생기며, 손님과 함께 좋은 이야기를 나누니 즐거워지지요. 예술적 흥취에 이끌려 창작 활동을 도우며 독서에 몰두하게 되고, 사람을 깊이 생각하게 하며, 또 약효도 있다는 이유로 좋아했답니다.

우리 나라뿐만이 아니라 중국이나 일본에서도 오래 전부터 차를 즐겨 마시고 있어요.

우리 나라에서는 차의 맛과 차를 마시는 멋을 중요하게 생각하고, 중국에서는 차의 향기를, 일본에서는 차의 색깔을 중요하게 여긴답니다.

차를 따르는 모습(다도)

찻잎은 따는 시기에 따라 각각 이름이 달라지는데, 음력 섣달에 따는 납차, 춘분 전후에 따는 사전차, 그리고 입동에 따는 소전차 등으로 나누어지지요.

차를 맛있게 달이는 중요한 요소는 물, 온도, 잎차, 우려내는 시간, 찻그릇 등이 있어요.

52 생일 케이크가 없었을 때는 무엇으로 축하를 했을까요?

생일 맞은 놈 떡 하나 더 준다

요즘 백화점에 가면 떡을 쌓아 올려 만든 '생일떡'이 있더라고요. 재료는 여러 가지 떡인데, 생긴 것은 꼭 서양식 케이크이던걸요? 동·서양이 절묘하게 결합된 모습이에요.

왼쪽 위부터 증편, 인절미, 화전, 시루떡, 송편, 절편

옛날 사람들은 생일을 맞으면 무조건 떡을 만들어 먹었어요. 떡은 기쁜 일, 슬픈 일을 가리지 않고 모든 특별한 날에 만들어 먹던 특별한 음식이었어요. 그러니 생일이나 조상을 모시는 제삿날에 떡이 빠질 수가 없지요.

그런데 생일떡은 나이에 따라 다르게 만들어졌어요. 보통 어른들의 생일에는 여러 가지 떡을 다양하게 먹었지만, 열 살이 안 된 어린이의 경우에는 반드시 붉은 팥 고물을 묻힌 찰수수경단을 만들어 주었답니다. 붉은 색의 팥이 나쁜 귀신을 쫓아낸다고 믿었기 때문이에요. 경단이란 작고 동글동글 구슬처럼 생긴 떡을 말해요. 이렇게 찹쌀가루로 동그란 떡을 만든 뒤 고물을 묻혀 먹었던 것이지요.

아기가 백일이 되면 특별히 백설기를 만들었답니다. 물론 붉은 팥고물의 수수경단도 빠뜨리지 않았지요. 또한 아기가 돌을 맞이하면 여기에 한 가지 떡을 더 해 먹었어요. 쌀가루에 쑥이나 치자 등과 같이 색깔을 내는 식물을 넣어 보기에도 앙증맞은 오색 송편을 만든 거예요.

예전에는 아기들이 쉽게 목숨을 잃었어요. 아기들은 세상에 나온 지 얼마 안 된 까닭에 각종 병에 쉽게 걸렸기 때문이에요. 그래서 옛날 사람들은 아기들이 태어나 100일 혹은 1년이 지나면 그래도 그때까지 살아남아 준 것을 매우 기쁘게 여겨 큰 잔치를 벌였던 것이지요.

어린이들이 열 살이 넘으면 이제 튼튼하게 살 거라고 생각했기 때문에 생일을 조촐하게 보냈어요. 그러다가 할아버지가 되어 환갑을 맞이했을 때에도 성대한 생일 잔치를 벌였어요. 예전에는 환갑인 60세를 넘겨 사는 사람들도 그리 많지 않았기 때문이랍니다. 그래서 이 날은 백편, 꿀편, 승검초편과 같은 여러 가지 떡을 만들어 많은 사람들이 나누어 먹으며 즐거운 시간을 보냈어요.

53 가게도 없었는데 과자를 어떻게 먹었을까요?

한과, 입 안에서 살살 녹아요!

바삭바삭 달콤한 과자가 먹고 싶으면 바로 슈퍼 마켓이나 제과점으로 달려가지요? 거기엔 맛도 모양도 다른 과자들이 수도 없이 층층이 쌓여 있으니까요.

요즘은 이렇게 쉽게 과자를 먹을 수가 있어요.

하지만 옛날 어린이들은 집에서 과자를 만드는 특별한 날이나 동네 잔칫날을 손꼽아 기다려야만 했답니다.

그러면 옛날 어린이들이 그토록 먹고 싶어하던 과자에는 어떤 것들이 있었는지 한번 알아볼까요?

우리 나라의 전통적인 과자는 '한과' 라고 불러요. 한과에는 이름이 어려운 여러 가지 종류의 과자들이 포함되지요.

우선 한과의 으뜸이라고 하는 '강정' 부터 살펴보지요.

강정은 찹쌀가루를 미지근한 물과 술을 넣어 반죽한 뒤에 익히고 말린 다음 기름에 튀긴 과자를 말해요. 여기에 맛을 더하기 위해 꿀과 깨, 잣과 같은 고물을 묻힌답니다.

그 다음으로 '유밀과'를 살펴볼까요? 이것은 꿀과 기름을 넣고 반죽한 밀가루를 다시 기름에 튀기고, 다시 또 꿀에 재우는 과자를 말해

유밀과

요. 매우 달고 기름기가 많지만 쫀득쫀득한 게 특징이에요. 대표적인 과자로는 '약과'가 있어요.

'숙실과'는 과일을 익혀서 만든 과자를 말해요. 여기에는 밤·대추를 꿀에 조린 '밤초'와 '대추초', 잘게 다진 밤이나 대추를 꿀로 반죽하여 모양을 만드는 '율란'과 '조란' 등이 있지요.

서양의 젤리와 비슷한 '과편'도 있어요. 모과, 살구, 앵두 같은 과일을 꿀에 넣어 조린 다음 묵처럼 굳히는 거예요. 먹을 때는 이것을 작고 네모나게 썰면 되고요.

한과는 여러 예식 행사나 잔치에서 빠질 수 없는 음식이었어요. 이런 날에는 떡과 함께 언제나 한과를 만들어야 했답니다.

맛난 과자를 먹기 위해서 이런 날을 목 빠지게 기다려야 했을 옛날 어린이들은 '잔칫날이 왜 이렇게 안 오나?' 애가 탔을 거예요.

54 나그네는 어디서 먹고 자고 했을까요?

주모, 밥 한 그릇 주시오!

여행은 정말 즐거워요. 그렇다고 너무 들뜨지 마세요. 여행할 때는 챙겨야 할 것이 여러 가지 있으니까요. 그 첫 번째가 바로 '어디서 자고 무얼 먹을 것인가?' 하는 것이지요.

옛 주막의 모습(신윤복 그림, 조선 시대)

그런데 옛날 사람들은 먼 길을 떠날 때, 어디서 먹고 자고 했을까요? 옛날에 먼 길을 나선 나그네들은 주막에서 쉬었다 갔어요. 주막에서는 밥도 팔고 술도 팔고, 나그네에게 휴식처를 제공해 주었답니다.

주막은 고려 시대에 만들어졌지만, 본격적으로 발전한 것은 조선 후기부터였어요. 상업이 발달하고 화폐가 널리 통용되자 장터는 많은 사람들로 북적댔어요. 그러자 장꾼들은 주막에서 쉬었다 가며 여러 장터를 오간 것이지요. 또한 주막은 장꾼들뿐만 아니라, 과거 시험 보러 가는 선비들, 여행 가는 사람 등 많은 이들이 쉬었다 가는 곳이기도 했어요. 그래서 주막은 사람들이 많이 드나드는 장터나 길목, 나루터에 많이 자리잡고 있었어요.

주막은 초가집이 대부분인데, 초가집 싸리문 위에는 '주막'을 상징하는 흰 깃발이 펄럭였지요. 흰 깃발에는 먹물로 '주(酒)' 자가 큼직하게 쓰여져 있었는데, 이것이 주막 간판이 되었어요.

"주모, 여기 밥 한 그릇 달게 말아 주시오! 빨리 길 떠나야 하오!"

"주모! 여긴 술 한 상 차려 오게나."

주모란 누구일까요? 주모는 주막의 주인이지요. 주모는 밥도 팔고, 술도 빚어 팔지요. 주막의 부엌은 마루나 방과 바로 연결되어 주모가 음식을 나르기 편하게 지어져 있어요. 그리고 부엌에는 가마솥이 여러 개 걸려 있고, 선반에는 술잔과 사기 그릇 등이 가지런히 놓여 있었답니다.

그리고 주막에는 방이 있어서 여행자들이 잠시 몸을 뉘었다 가고는 했어요. 주막의 방은 대부분 초라하고 형편없었어요. 이불도 없는 경우가 많고, 바닥은 짚으로 엮은 멍석자리, 베개도 딱딱한 목침이었어요. 주막에는 방이 여러 개가 아니었기 때문에, 주막 손님 여럿이 한데 웅크리고 자야 했어요. 어쨌든 사정이 이렇다 보니 조선 시대 주막에서는 숙박비는 공짜였답니다. 밥 값은 받아도, 방 값은 받지 않은 것이지요.

요즘은 교통 사고나 재해가 가장 커다란
재앙 중의 하나입니다. 하지만 옛날에는 병이나 흉년이
가장 무서운 재앙이었답니다. 전염병이 돌기만 해도 마을 사람들
모두가 쓰러졌으니까요. 하지만 옛날 사람들도 질병과
끊임없이 싸워 왔답니다. 또한 측우기나 해시계 등을 만들어
재해에 대비하고 생활을 편리하게 했어요.
이런 조상들의 지혜를 하나하나 들여다보세요.
눈부신 지혜가 담겨 있으니까요.

옛날 사람은 얼마나 과학적으로 살았을까?

55 일기 예보도 없었는데 어떻게 홍수에 대비했을까요?

측우기만 있으면 홍수 걱정 끝!

"지금 태풍이 빠른 속도로 이동하고 있습니다. 내일도 많은 비가 내릴 것으로 보이며, 비의 양은 200밀리미터 정도가 될 것으로 예상됩니다. 비 피해를 입지 않도록 각별히 유의하시기 바랍니다."

여름철 일기 예보는 보통 이런 식이지요. 비가 너무 많이 와서 사고가 생길지도 모르니 미리 대비할 수 있도록 기상대에서 말해 주는 거예요.

비는 지금도 가끔 내리고 있고, 예전에도 지금처럼 내렸겠지요? 그러니까 옛날 사람들도 많은 비로 인해 발생할지 모르는 사고를 대비해야만 했을 거예요.

그럼, 옛날 사람들은 어떻게 날씨를 예측했을까요? 인공 위성 같은 첨단 장비야 없었지만, 세계에서 귀하게 여기고 있는 '측우기'나 '수표'가 있었지요.

측우기는 비가 얼마나 왔는지를 재는 기구예요. 높이 31센티미터, 지름 16센티미터 원통 모양의 그릇이지요. 비가 왔을 때 이 안에 빗물이 얼마나 찼는지를 알아내서 농삿일을 가늠하거나 앞으로 입을 비 피해에 대해 미리 대비를 하는 거예요.

농사를 짓는 사람이 대부분인 우리 나라에서 가뭄과 홍수는 한 해의 농사를 망치게 할 수 있는 원인이 되지요.

측우기

이 측우기는 세종대왕 때인 1442년에, 세계 최초로 만들어졌어요. 이처럼 일찌감치 기상 관측에 관심을 기울인 우리는 참으로 과학적인 생각을 가진 민족이지요.

전국 방방곡곡에 측우기를 설치했기 때문에 어느 곳이든지 가뭄이나 홍수의 피해를 미리 막아 볼 수가 있었어요. 비가 온 양을 푼(약 3밀리미터) 정도로 작은 단위까지 재게 했다니 정말 과학적이었지요?

수표는 하천이나 저수지의 물 높이를 재는 데 쓰였답니다. 끝이 뾰족해서 땅 속에 박아 놓을 수 있는 거대한 돌기둥이지요. 높이가 무려 3미터나 되며, 기둥에 눈금이 매겨져 있었어요. 예를 들어 물의 높이가 3척(1척은 약 33센티미터)이면 물이 적은 것이니 가뭄에 대비해야 했어요. 그리고 6척이면 보통, 9척이면 위험하니 홍수에 대비해야 했답니다.

56 옛날에는 바늘 시계도 없었는데 어떻게 시간을 알았을까요?

옛날에도 자명종이 있었대요

"꼬끼오! 꼬끼오!"

옛날 농촌에서는 시계가 별로 필요가 없었어요. 매일 새벽 닭이 울면 이부자리에서 일어나 하루를 시작하지요. 해가 하늘 한가운데에 걸치면 점심을 먹고, 해가 천천히 기울면 하던 일을 정리하고 집으로 돌아왔지요. 옛날 사람들은 낮에는 해가 움직이는 것을 보고, 밤에는 달이나 별이 움직이는 것을 보고 시간을 알았답니다.

그렇지만 옛날에도 시계가 있었어요. 정확한 시간을 아는 것은 그때에도 중요했기 때문이에요. 특히, 궁궐에서는 항상 같은 시간에 성문을 열고 닫아야 했기 때문에 정확한 시계가 필요했어요.

시계는 전쟁을 치를 때에도 필수품이었지요. 군사 작전을 짤 때, 많은 군사들을 제 시간에 움직이려면 정확한 시계가 있어야 했어요. 그렇다면 옛날에는 지금과 같은 바늘 시계나 전자 시계가 없었는데 어떻게 시간을 알았는지 알아볼까요?

해시계(앙부일귀)

세종대왕 때 만들어진 정교한 시계 중의 하나가 해시계랍니다. 해시계는 오목한 솥 모양이에요. 해시계의 오목한 곳에는 세로 선과 가로 선이 그어져 있어요. 그리고 가운데 바늘이 있답니다. 바늘을 '영침'이라 하는데, 그 그림자의 변화에 따라 시간과 계절을 알 수 있게 되어 있지요.

세종대왕 때는 해시계뿐만 아니라 물시계도 있었어요. '자격루'라 하는데, 이것은 그냥 물시계가 아니라 자명종 기능도 있었어요. 그래서 일정 시간마다 종이나 북, 징을 쳐서 시간을 알려 주었어요.

자격루

자격루는 큰 물통에서 작은 물통으로 물이 계속 흘러 들어가 작은 물통의 물이 물받이통에 들어가면, 안에 있는 살대가 떠올라 지렛대와 쇠구슬을 쳐서 구슬이 떨어지게 했어요. 그러면 그 구슬이 떨어지면서 시각을 알리는 장치를 움직여 지금이 몇 시인지 알려 주었다고 해요.

57 옛날에는 농기구를 어디서 만들었을까요?

땅! 땅! 땅! 쇠를 다스리는 사람들

옛날부터 철을 다루는 일은 대장간에서 했어요. 대장간에서는 칼이며 망치뿐만 아니라 다양한 농기구들을 만들었지요. 그래서 대장간 벽에는 여러 가지 농기구들이 걸려 있었답니다. 낫과 호미, 쇠스랑, 괭이, 부엌칼 등이 보기 좋게 날카로운 빛을 발하며 걸려 있었지요.

대장간에서는 아주 작은 기구를 만드는 일이라면 몰라도, 적어도 세 사람은 있어야 일을 할 수 있었어요. 그러면 옛날 대장간에서는 누가 어떤 일을 했을까요?

대장간에서 가장 중요한 사람은 바로 대장장이예요. 대장장이는 대장간의 주인으로, 대장간의 일을 이끌어 나가는 사람을 말해요. 대장장이 밑에는 메질꾼이 있었어요. 메질꾼은 뜨겁게 달군 쇠를 큰 망치로 두들기는 일을 하는 사람이에요. 망치로 쇠를 두들기는 힘은 워낙 힘들기 때문에 비실비실하고 허약한 젊은이는 메질꾼이 될 수 없었어요. 보통 대장간에는 두세 명의 메질꾼이 있었다고 해요.

"대장님, 저도 이제 다른 마을에 가서 대장간을 차리려 하는데요."

"그래, 네가 쇠를 다루는 것을 보니 많이 컸구나. 하지만 조금 더 메질을 하도록 하여라."

"네, 알겠습니다. 그리고 제가 떠나기 전에 풀무질하는 아이를 더욱 가르치겠습니다."

풀무질이란 단단한 철을 녹이기 위해 불을 피울 때 바람을 일으키는 일을 말해요. 대장간에서는 대개 열네댓 살 먹은 소년들이 풀무질을 했어요. 풀무질을 하는 풀무꾼이 일을 잘하고 나이가 차면 메질꾼으로 승격되었답니다.

옆의 그림은 조선 시대 대장간 풍경이에요. 한 쪽에서는 불에 달구어진 쇳덩이를 '떵떵떵떵!' 망치로 두들기고 있어요. 다른 한 편에서는 청년 하나가 풀무질을 하고 있네요. 그런데 이들 중 가장 즐거워 보이는 사람이 있어요. 바로 숫돌에 '싹싹' 낫을 가는 젊은이예요. 낫이 슥삭슥삭 부드럽게 갈리는

대장간(김홍도 그림, 조선 시대)

듯 일손에 리듬이 타서 무척 신난다는 얼굴이에요.

떵떵떵떵, 슥삭슥삭, 샤샥…….

보고만 있어도 활기찬 대장간 소리가 들려 오는 것 같지 않아요?

58 옛날에는 산부인과도 없었는데 어디서 출산을 했을까요?

쪼그리고 아기 낳은 조선 여인

"에구, 망측해라."
"이런 일이 있다니, 남자가 아기를 받다니! 흠흠."
처음에 우리 나라에 산부인과가 생겼을 때 사람들의 반응은 대단했어요. 산부인과 의사가 남자였기 때문이지요. 신필호라는 남자가 세운 이 산부인과는 장안의 화제가 되었어요. 그러다 이 산부인과 병원은 점차 주위의 인정을 받기 시작했어요. 산부인과는 안심하고 건강하게 출산할 수 있는 곳이라는 생각이 널리 퍼졌기 때문이지요.

아들이 태어났음을 알리는 금줄

이제는 거의 모든 산모들이 산부인과에서 아기를 낳지요. 그런데 옛날에는 어디서 아기를 출산했을까요?
옛날에 결혼한 여성에게 부여된 중요한 의무들 가운데 하나는 아기 낳는 일이었어요. 특히 조선 시대 사람들은 아들을 낳아야 조상에 대한 후손의 도리를 다하는 것으로 생각했어요. 그래서 옛날에는 여자들이 임신을 하면 아기를 낳기 전에 세 번의 삼신상을 차렸어요. 옛날 사람들은 '삼신 할머니'가 아기를 점지해 준다고 믿었거든요. 삼신상이란 삼신 할머니께 바치는 상으로, 아기와 산모의 건강과 복을 빌기 위해 방 안 윗목에 차렸답니다.

옛날에는 집에서 아기를 낳았지요. 출산할 때는 대개 산파나 조산원을 불렀어요. 그들은 일정한 교육 과정을 거쳐 자격 시험을 통과한 사람들이었어요. 물론 옛날에는 남자 조산원이나 산파가 없었답니다. 모두 경험이 풍부한 여자들로 된 조산원이 산모를 도왔어요.

텔레비전에서 산모가 아기를 낳는 장면을 본 적이 있나요? 대부분 누워서 아기를 낳지요. 그러나 조선 시대의 출산법은 지금과 달랐어요. 요즘엔 산모가 누워서 아기를 낳지만, 조선 시대에는 쪼그린 자세로 낳았다고 해요.

산모가 아기를 낳으면 집 대문에 '금줄'을 쳤어요. 금줄은 짚을 꼬아서 새끼줄로 만들어요. 산모가 낳은 아기가 아들일 경우에는 빨간 고추를 달아 매고, 딸일 경우에는 숯을 달아 두었

답니다. 이것은 이웃에게 출산을 알리는 소식인 동시에, 갓난아기와 산모가 건강하게 되기까지 부정한 사람이나 잡귀의 침범을 막으려는 일종의 신호였던 것이에요.

59 옛날에는 무슨 병이 제일 무서웠을까요?

침도 소용 없는 무시무시한 역질 귀신

"저기 우리 마을 제일 골칫덩이가 지나간다."
옛날 중국 진나라에는 '공공'이라는 사람이 살았어요. 그런데 공공의 아들은 심보가 고약해서 나쁜 짓을 일삼았는데, 어느 날 갑자기 죽어 버렸답니다. 공공의 아들은 정말 심보가 고약했는지 죽어서도 그만 역질 귀신이 되었어요.
"휴우, 어떻게 역질 귀신을 물리치지? 우리 아들이 무서워했던 것이 뭘까?"
"그래, 팥이야!"

한국 최초의 근대식 병원인 광혜원

공공은 팥죽을 쑤어 대문간과 마당 구석구석에 뿌렸어요. 나쁜 전염병을 물리치기 위해서였지요. 이 이야기는 대를 이어 전해져서 추운 동짓날 팥죽을 끓여 먹는 풍습을 만들었답니다.

이런 풍습만 보아도 전염병이 얼마나 사람들에게 공포를 주었는지 알 수 있어요. 옛날에는 지금처럼 의술이 발달하지 않아 고칠 수 없는 병이 많았어요. 그 중에서도 가장 무서운 병이 바로 전염병이었답니다.

그런데 옛날에는 어떻게 전염병에 대처했을까요?

'역질'이란 천연두를 포함한 전염병을 가리키는 말이에요. 조선 시대의 기록에 의하면, 전국 각지에서 역질이 발생하여 수많은 인명과 가축의 피해를 보았다고 해요. 그래서 마을에 역질이 돌면 의원들이 긴급히 달려와 환자들을 돌보았어요.

조선 시대에는 '혜민서'라 하여 서민들의 질병을 담당했던 관청이 있었어요. 마을에 전염병이 돌기 시작하면 의원들은 환자의 상태를 돌보고 약을 지었답니다. 의원들은 먼저 환자의 안색을 살피고, 병세에 관한 여러 가지 사항을 물었어요. 또 환자의 똥과 오줌을 살펴보고 냄새를 맡고 진맥을 보아 가며 병을 치료하려 했답니다.

그러나 천연두의 경우, 환자가 죽는 일이 많아 근본적인 치료는 하지 못했어요. 다만 환자를 격리시켜 증상에 따라 치료하는 정도로 그쳐야 했어요.

"어차피 죽을 놈은 약을 써도 죽는다."

옛말에는 이런 무시무시한 말까지도 있었어요. 조선 시대 전염병이 돈 해에 사람의 평균 수명을 보면 이런 말이 나올 법하지요. 그 당시 평균 수명은 겨우 24세였으니까요.

◎ 옛날 사람들은 이가 아프면 어떻게 했을까요?

치과는 없어도 치통 약은 있다

"엉엉엉, 이가 아파요. 하지만 무서워서 치과에 가기는 싫어요."

누구나 한 번쯤은 치통을 앓아 본 경험이 있을 거예요. 어떤 사람은 치통으로 기절까지 했다고 해요. 현대에는 이가 조금만 아프거나 흔들리기만 해도 치과에 가면 쉽게 치료를 받을 수 있어요. 하지만 옛날에는 치과가 없었답니다. 그러면 옛날 사람들은 이가 아프면 어떻게 했을까요?

옛날에는 치과가 없었지만 이가 아플 경우 고통을 없애는 여러 가지 민간 치료법이 있었답니다. 옛날 사람들은 치통이 있을 때 생마늘을 불에 구웠어요. 그리고 그것을 아픈 이에 물게 함으로써 통증을 멎게 했대요. 또, 여러 가지 약초나 과일의 씨앗을 이용해서 치통을 없애기도 했는데, 가장 흔한 방법 중의 하나가 소금물을 입 안에 머금고 있는 것이었어요.

그럼, 썩은 이나 흔들리는 이는 어떻게 뽑았을까요? 이를 뽑는 방법은 여러 가지가 있는데, 가장 널리 쓰인 방법이 실과 문고리를 이용해서 뽑는 거예요. 먼저 긴 실을 풀어서 한 쪽 끝에는 썩은 이를 매고, 다른 쪽 끝은 문고리에 매다는 거지요. 그런 다음에는 어떻게 하는 줄 아세요? 갑자기 문을 확 밀치며 여는 거예요! 그럼, 이는 큰 고통 없이 '톡' 하고 빠지지요.

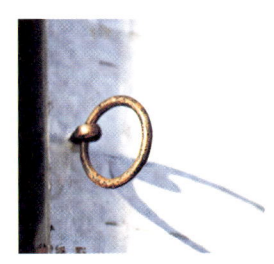
방 문고리

그리고 빠진 이는 지붕 위로 던졌답니다. 이를 던질 때 잊어서는 안 되는 것이 노래예요.

"까치야, 까치야, 헌 이 줄게 새 이 다오……."

만약, 윗니가 빠지면 지붕에 던졌고 아랫니가 빠지면 아궁이에 넣었어요.

그렇다면 우리 나라에는 언제 처음 치과가 생겼을까요? 우리 나라에 최초로 치과가 생긴 해는 1893년이에요. 일본인이 치과를 열었는데, 환자 역시 대개 일본인이었어요. 한국인 치과 의사로는 1912년 일본 치과 의학 전문 학교를 졸업한 함석태가 최초였어요.

당시에는 치료비가 너무 비싸서 가난한 사람들이나 일반 사람들은 이용할 수 없었어요. 당시 세브란스 병원의 치료비는 50전이었어요. 노동자들은 하루에 81전을 벌었는데, 50전을 치료하는 데 쓰고 나면 먹고 사는 게 큰 걱정이었던 것이에요.

61 옛날 사람들도 수술을 했을까요?

옛날 수술 X파일

"수술? 으악, 무서워!"

수술 이야기를 들으면 두 눈을 질끈 감고 싶어지지요. 왜냐 하면 수술하는 사람은 피를 보아야 하고, 수술을 받는 사람은 아플 것 같잖아요. 하지만 조금 생각해 보면 수술은 살기 위해, 그리고 몸을 건강하게 만들기 위해 꼭 필요한 의술 중의 하나랍니다.

수술이 발달한 것은 서양에서부터 시작되었어요. 동양 의술은 약초나 침, 뜸 등을 이용하여 환자를 치료했거든요. 그렇다면 옛날 한의학에서는 외과 수술이 없었을까요?

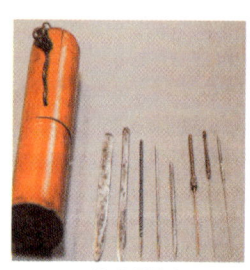

침의 종류

기원전 200년경에는 중국에 '화타'라는 뛰어난 의원이 있었어요. 그는 시술할 때 아프지 않게 마취를 하거나, 침을 잘 놓기로 유명했어요. 화타는 서양 의술보다 2,000년 앞서서 '마불산'이란 마취약을 환자에게 복용케 하여 수술했다고 해요.

어느 날, 화타는 조조에게 수술을 제의하였어요. 조조는 《삼국지》에 나오는 뛰어난 지략가예요.

"조조님, 시급히 뇌 수술을 하여 옥체를 보존하시옵소서."

"이런! 두 눈 멀쩡히 뜨고 나를 해치려 하다니!"

의심 많은 조조는 화타 선생의 깊은 뜻을 헤아리지 못하고 결국엔 사형시켰답니다. 이 일화만 보아도 동양에서 오래 전부터 수술이 이루어졌다는 것을 알 수 있어요. 그러면 우리의 옛날 한의학자들도 수술을 했을까요?

허준의 저서인 《동의보감》에는 통증을 없애는 마취를 하기 위해 여러 가지 약초를 섞어 만든 '초오산'을 술에 타서 먹였으며, 이렇게 하면 칼로 살을 째거나 하여도 아프지 않았다고 해요. 즉, 우리 옛 선조들도 마취를 하고 칼로 째고 꿰매는 수술을 했다는 것이지요.

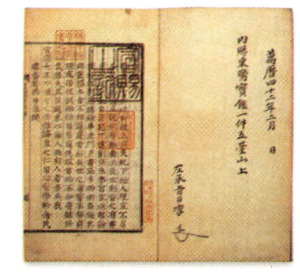

허준의 《동의보감》

그러나 옛날 사람들은 대대적인 수술은 하지 않았어요. 일하다 다쳤을 때나, 전투에서 화살을 맞거나 칼이나 창에 찔렸을 때는 간단한 시술을 했답니다. 이때에는 마취를 한 후 반달형의 칼이나 끌, 망치 등을 이용하여 시술한 다음 뽕나무에서 뽑은 실을 꿴 바늘로 마무리했다고 해요. 그리고 몸이 너무 아픈 중환자는 체온이 떨어지지 않도록 소의 배를 갈라 환자를 그 안에 넣고 수술을 했다고 해요.

62 옛날에도 여자 의사가 있었을까요?

의원 대신 의녀를 보내 주시오

한국 최초의 여성 의사
박에스더

우리 나라 최초의 여성 의사는 박에스더라는 분이에요. 당시 많은 여성들은 병원이나 한의원에 가길 꺼려 했는데, 여자 의사가 생기자 많은 양반집 여자들이 그녀를 찾았다고 해요. 그런데 옛날에도 여자 의사가 있었을까요?

조선 시대에는 '제생원' 이라는 의료 기관이 있었어요. 제생원은 일반 백성의 치료를 담당하고 가난한 사람들을 돕는 기관이었어요. 제생원의 의원들은 헌신적이어서 환자가 양반이든 노비이든 목숨을 걸고 환자를 돌보았답니다.

그런데 조선 성종 때 비극적인 일이 일어났어요. 사대부 집안의 아녀자가 몸이 아픈데도 치료를 거부하다 죽었기 때문이에요.

"아아, 너무 아파요."

"그래, 애야. 어서 진맥을 받고 치료를 해야지, 어찌 의원을 거부한단 말이냐?"

"안 되옵니다. 어떻게 아녀자가 남자 의원에게 몸을 보여

준단 말이에요! 아아, 너무 아프지만……. 제 몸에 남자가 손대게 할 수 없어요. 전 차라리 죽고 말겠어요."

당시에는 '남녀칠세부동석'이라 하여 남녀가 앉는 자리도 따로 했을 정도였어요. 그래서 여자들은 병이 깊어도 의원의 치료를 받지 못하고 시름시름 앓았어요.

결국, 제생원에서는 여자 의원을 양성하기로 했어요. 1406년, 제생원에서는 수십 명의 여자를 택하여 맥을 보는 법, 침을 놓는 법 등을 가르쳤어요. 이후 여자 의원은 '의녀'라 불리며 많은 의술 활동을 펼쳤답니다.

의녀는 단순 간호뿐만 아니라 진맥과 침, 뜸을 익혀 부인들의 질병을 직접 진찰하고 치료했어요. 나중에는 양반집의 여자들이 너도나도 의녀의 진찰을 요구하자 의녀의 손이 모자랄 지경이었다고 해요.

의녀 제도는 세종, 세조, 성종의 3대에 걸쳐서 발달했어요. 그래서 의녀 제도는 양적, 질적으로 발전하여 저명한 의녀가 많이 배출되었답니다. 세종 때는 '소비'라는 의녀가 의술이 뛰어나기로 유명했어요. 세조 때는 '접상'이라는 의녀가 유명하였고, 성종 때는 치과 치료에 재주가 있는 '장덕'이라는 제주도 의녀가 있었다고 해요.

63 옛날에도 살충제가 있었을까요?

방향제일까, 살충제일까?

"그럼, 시작합니다."

"자, 어서 향을 피우시오."

예로부터 우리 나라에서 향은 더러운 것을 깨끗이 하는 정화 기능과 신성을 상징했어요. 그래서 제사를 비롯하여 모든 성스러운 종교 의식은 향불을 피움으로써 엄숙하게 시작한답니다.

또, 민간 신앙에서는 향을 피우면 나쁜 귀신이 쉽게 가까이하지 못한다고 믿었어요. 그래서 사람이 죽어 시신을 씻길 때도 솜에 향물을 묻혀서 닦아 냈다고 해요.

예로부터 향은 나쁜 냄새를 없애고 해로운 균들을 막기 위해 써 왔어요. 한 마디로 강력한 살충제였던 것이지요. 게다가 방향제 역할까지!

이 같은 기능을 하는 전통 향은 여러 가지가 있지만, 소나무의 솔잎이 그 가운데 가장 으뜸이에요. 다른 어떤 향보다 솔잎에서 나는 향은 탁월한 살균 작용을 한다고 해요.

소나무 수꽃과 솔방울

그래서 옛날에는 초여름에 솔잎을 뜯어 기름을 짜서 집 안에 뿌리는 향료로 썼어요. 이 솔잎 향을 집 안에 뿌리면 공기가 맑아지고 신선한 느낌을 주었다고 해요.

또 솔잎은 음식을 만드는 데도 쓰였어요. 송편을 찔 때면 꼭 솔잎을 넣었어요.

송편의 '송' 자가 소나무의 송(松)으로 시작되는 것도 솔잎을 넣고 찌기 때문이에요. 이런 방법을 쓰는 것은 송편에 향긋한 솔잎 향이 배게 하여 맛깔을 더해 보려는 지혜도 있어요.

그러나 솔잎 송편에는 더 깊은 과학이 바탕에 깔려 있답니다. 식물은 대개 다른 미생물로부터 자기 몸을 방어하기 위해 여러 가지 살균 물질을 발산한다고 해요. 이런 지혜를 이용한 것은 송편만이 아니에요.

옛날에는 구더기를 없애려고 화장실에 할미꽃 뿌리나 쑥을 걸어 두었어요. 그리고 바퀴벌레를 쫓기 위해 은행나무 잎을 집 안 구석에 두었던 것도 과학적인 지혜였던 것이에요.

할미꽃

64 옛날에는 어떻게 달력을 만들었을까요?

날을 알려면 달을 보아라

"1년은 열두 달, 365일. 하루는 24시간이다."

너무도 당연한 이야기라구요? 맞아요. 그런데 사람들은 이 진실을 알기 위해 수천 년간 해와 달, 별들과 씨름을 해 왔답니다. 그리고 그 결과 만들어진 것이 달력이에요.

우리는 달력 덕분에 오늘이 며칠인지 무슨 요일인지 쉽게 알 수가 있어요. 또한 달력 덕분에 생일 날도 쉽게 기억할 수 있고, 언제 소풍을 가는지 손꼽아 볼 수 있답니다. 달력이 없었으면 분명 굉장히 불편했을 거예요.

달력은 크게 태양력과 태음력으로 나뉘어요. 태양력은 태양의 운행을 보고 만든 것이에요. 태음력은 달 모양의 변화를 보고 만든 것이지요. 달력을 보면, 커다란 숫자 밑에 작은 숫자가 깨알 같이 적혀 있지요? 그 작은 날짜가 바로 태음력을 이용해서 만든 날짜랍니다.

우리 나라에서는 삼국 시대 때 백제로부터 달력이 사용되기 시작했어요. 아쉽지만 우리 스스로 만든 것은 아니고요, 중국 송나라에서 들여온 태음력이었어요. 그런데 태음력은 약간의 문제가 있었어요. 태음력은 달의 운동에 근거하여 만들어지기 때문에 태양의 움직임은 잘 나타내 주지 않는답니다. 계절의 변화는 태양의 운동에 의하여 결정되므로 음력 날짜와 계절의 변화는 잘 일치하지 않았어요. 그래서 이런 문제점을 보완하기 위하여 태음력에서는 계절의 변화, 즉 24절기를 도입해서 같이 사용했답니다. 따라서 태음력은 태양의 움직임을

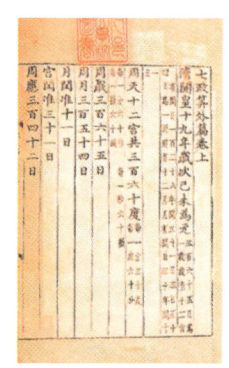

칠정산 외편

24절기로 표시하여 주기 때문에 태음 태양력이라고 해요. 입춘이라든가 동지라는 말을 들어 본 적이 있지요? 입춘은 봄이 시작되는 날을, 동지는 밤의 길이가 연중 가장 긴 날을 말해요. 이는 모두 24절기를 이용해서 계산해 낸 날이랍니다.

  그런데 우리 선조들은 중국으로부터 배워온 날짜 계산법을 그대로 쓰지 않았답니다. 세종대왕은 새롭게 칠정산이라는 달력을 만들어 냈답니다. 이건 음력으로 만들어진 달력인데요, 다른 나라에서 만들어진 달력과 비교할 때 우수하다고 평가받을 만큼 아주 과학적인 거래요. 그리고 효종 때에는 시헌력을 사용했어요. 그럼, 양력은 언제부터 사용되었을까요? 양력은 서양 문명이 전폭적으로 받아들이게 된 갑오경장 때로부터 사용되었답니다.

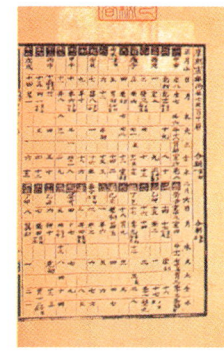

칠정백중력

옛날에는 어떻게 달력을 만들었을까요? · 151

65 소화제도 없었는데 어떻게 배앓이를 치료했을까요?

침도 놓고, 약도 만드는 옛날 한약방

요즘에는 의사 선생님이 진찰을 한 뒤 처방전을 써 주면 '약국'에 가서 약을 사지요?

그런데 옛날에는 어디에 가서 약을 샀을까요? 옛날에도 이와 비슷한 '약방'이 있었어요. 약방은 약만 파는 곳이 아니라 한의사가 환자의 상태를 살펴보고 침도 놓아 주었답니다.

물론 지금 우리가 흔히 먹는 알약이나 가루약, 물약 같은 것은 없었어요. 한약이 보편적으로 퍼져 있었지요. 그러니까 약방이란 '한약방'을 말하는 거예요.

그런데 처음에 한약방은 지금과 같이 가게의 모양을 하고 있지는 않았답니다. 보통 사람들이 사는 집에 '신농유업'이라는 글자가 씌어진 깃발이 꽂혀 있었어요. 의원들은 《황제내경》과 《신농본초경》이라는 오래 된 의약 서적을 보고 공부했어요. 그 책에 나와 있는 대로 약을 지어 줌으로써 병을 낫게 했지요.

그 뒤에 환자를 치료하는 법이나 침을 놓는 법 등이 개발

되었고, 약초에 대한 전문적인 책이 나오고 나서야 한의학이 체계 있게 발달하기 시작했답니다. 조선 시대의 세종대왕 때는 고려 후기 이후 발전되어 온 향약과 한방을 연구하고 수집한 자료를 집대성하여 《향약집성방》이라는 85권짜리 대형 한의학 서적이 편찬되기도 했어요.

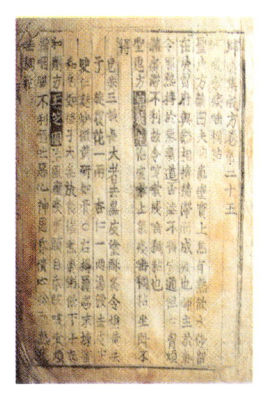

《향약집성방》 원본

그 후 선조 때에는 양예수와 허준 등이 그 유명한 《동의보감》을 써 냄으로써 우리 민족의 체질에 맞는 약이 정리되었지요.

전에는 중국에서 들여온 책을 이용했기 때문에 우리 나라 사람의 몸에는 잘 맞지 않는 약도 많이 쓰였어요.

삼국 시대에 널리 활용되던 《고구려노사방》이나 고려 시대의 《향약구급방》 등이 모두 중국에서 들여온 책이었기 때문에 약을 먹어도 잘 낫지 않거나, 오히려 약 때문에 병을 더 얻기도 했답니다. 보통 사람들은 민간 요법도 많이 사용했어요. 기침이 나면 굳이 약방을 찾기보다 도라지를 먹는다거나, 배를 꿀에 재웠다가 먹었지요. 배가 아플 때도, 머리가 아플 때도 스스로 음식물로 약을 만들어 먹었던 거예요.

우리 조상들은 이런 과학적인 사실을 어떻게 알았던 걸까요? 정말 신기하지 않아요?

집은 생활하는 데 꼭 필요한 것 중의 하나예요.
선사 시대에는 사나운 맹수와 추위를 피해서 집을 세웠어요.
그러다 집은 생활의 편리와 즐거움, 아름다움을 위해서
점점 발전하게 되었어요. 우리 조상들이 세운 집들은 모두
자연을 닮아 넉넉하고 아름다워요. 또한 집 구석구석에는
깊은 생활의 지혜가 숨어 있어요. 그래서 우리 조상들은
여름은 시원하게, 겨울은 따뜻하게 살 수 있었죠.
그 비법이 무엇인지 한번 알아 볼까요?

옛날에는 어떤 집에서 살았을까?

66 벽돌도 없었는데 어떻게 집을 지었을까요?

왕은 방이 100칸, 양반은 99칸

요즘 집은 크게 두 종류로 나누어지지요. 아파트와 일반 주택으로요. 그리고 옛날 집도 크게 두 종류로 나누어진답니다. 초가집과 기와집으로요.

초가집이나 기와집이 어떻게 생겼는지는 이미 알 거예요. 하지만 어떤 방식으로 집을 지었는지는 잘 모를 수도 있겠지요. 왜냐하면 옛날에는 지금처럼 벽돌을 차곡차곡 쌓아서 집을 짓지 않았거든요.

옛날에 집을 지을 때는 모든 재료를 자연에서 얻었어요. 우선 굵고 튼튼한 나무로 기둥을 세우고 벽 부분에는 나무를 얼기설기 잇대어 놓았답니다. 벽과 바닥은 진흙과 짚, 자갈을 잘 섞어 채웠어요. 이것이 단단하게 굳으면서 집이 보다 튼튼해졌어요.

그리고 방바닥은 진흙을 잘 개어 발랐지요. 진흙은 알갱이가 곱기 때문에 방바닥에 바르기에 그만이었어요.

지붕에는 볏짚을 올렸답니다. 추수가 끝나면 마을 사람들이 한데 모여 볏짚으로 이엉을 틀고 새끼를 꼬아 지붕에 얹었어요.

어떤 곳에서는 볏짚 대신 '새'라는 풀을 지붕에 얹었어요. 이건 갈대같이 생긴 풀인데요, 특히 제주도에 있는 집들은 거의 새를 사용했답니다.

부잣집에서는 지붕을 기와로 만들었어요. 어떤 집은 방이 99칸이나 될 정도로 규모가 아주 컸지요. 그런데 왜 하필이면 100칸이 아니라 99칸이었냐고요? 왕만이 100칸이 넘는 집을 가질 수가 있었기 때문이에요. 아무리 부유하고 권세가 있는 사람이라도 99칸이 넘는 집에서 살 수 없었지요.

기와집

우리 민족의 집은 남쪽과 북쪽의 모양이 서로 다르다는 특징도 가지고 있어요.

남쪽은 더우니까 바람이 시원하게 통하는 마루를 넓게 만들었고, 북쪽은 추우니까 마루는 없거나 아주 작은 대신 온돌을 정교하게 만들었답니다.

초가집

67 옛날에는 보일러도 없었는데 어떻게 겨울을 지냈을까요?

'고래'가 전해 준 따뜻한 겨울

날씨가 추워지면 집집마다 보일러 스위치를 켠답니다. 어떤 집에서는 가스 보일러, 어떤 집에서는 기름 보일러나 연탄 보일러를 쓰지요. 이런 보일러들은 정말 고마워요. 밖에서 오들오들 떨다가 보일러가 켜 있는 집 안에 들어가면 얼었던 몸이 스르르 풀리지요.

온돌방과 아궁이

옛날에는, 보일러는 없었지만 겨울이라고 춥게 지냈던 건 아니에요. 온돌이라는 시설이 있었거든요. 온돌이라는 난방 장치는 우리 나라 집의 특징이라고 해요. 옛날 중국의 책에 보면 우리 나라를 설명하는 글이 있는데요, 거기에 이렇게 써 있대요.

"고구려에는 구들 시설이 있어서 겨울에 따뜻하게 지낸다."

그런데 '구들'이 뭐냐고요? 구들이란 온돌 시설에서 가장 중요한 넓적한 돌이에요. 이 돌이 방바닥을 이루는 것이지요. 구들 밑으로는 '고래'라고 불리는 작은 돌들을 기둥처럼 세워 놓아서 아궁이에 불을 때면 따뜻한 기운이 구들로 전해졌어요. 이 때문에 방 안이 따뜻해지는 것이지요.

158

　우리 조상들이 구들을 사용할 무렵, 일본에서는 '이로리'라고 해서 방바닥 한복판에 사각형으로 구덩이를 파고 나뭇가지를 태워 난방을 했어요. 다른 나라에서도 대부분 실내에서 직접 장작을 피워 추위를 면했답니다. 이에 비하면 우리의 구들 문화는 상당히 수준 높은 방한 양식이랍니다. 난방과 동시에 취사를 할 수가 있고, 재는 화로에 담아 손을 따뜻하게 하는 데 사용되었어요.

　옛날에는 솔가지, 섶나무, 나무 뿌리, 낙엽, 잡초 등 땔감을 얼마든지 구할 수 있어 연료비 걱정은 전혀 없었어요. 거기다가 구들을 만드는 데 필요한 재료는 구들돌이나 황토라 자연에서 얼마든지 구할 수가 있었어요.

　고구려 사람들은 방바닥 전체를 구들로 채우지는 않았다고 해요. 'ㄱ'자 모양으로 일부분만 구들을 깔았다고 하네요. 고구려 사람들이 목이 긴 신발을 신고 다녔기 때문에 신발을 신고 벗기가 불편해서랍니다. 신발을 신고 방까지 들어오다 보니 나머지는 흙으로 바닥을 만들었던 거예요.

　이런 온돌은 점점 아래로 내려가 고려 시대에는 중부 지방까지 전해졌어요. 그리고 조선 시대에는 남부 지방에까지 퍼져 온 나라가 온돌로 된 집에서 살았답니다.

68 옛날 사람들은 어디서 목욕을 했을까요?

옷을 입고 목욕하는 선비님

우리 나라에 공중 목욕탕이 처음 생긴 것은 불교가 전래된 다음부터였어요. 절마다 공중 목욕탕이 세워졌고, 조선 시대의 세종대왕은 질병을 막기 위해 온천을 장려하고 개발했다고 해요.

우리 나라의 전래 동화 《나무꾼과 선녀》를 아시죠? 거기에 보면 폭포수 아래서 선녀들이 목욕을 했다고 하는 부분이 있는데, 그 옛날 우리 조상들의 공중 목욕탕도 바로 이런 곳이었어요.

하지만 신라 시대엔 집집마다 목욕 시설을 따로 갖추었으며, 목욕을 미용과 청결의 수단으로 생각하고 목욕용 향료까지 사용했다고 해요.

불교를 받아들인 신라 법흥왕 때부터는 사찰마다 공중 목욕탕이 생겨나게 된 것이에요.

조선 시대 때에는 재미있는 일이 많았어요. 사대부들은 부부가 침실에 들기 전에도 반드시 목욕을 했는데, 특이한 점은 옷을 입은 채로 몸을 씻었다는 것이에요. 또, 욕조보다는 함지박이나 대야를 많이 이용했고 세숫대야는 가족이라도 각기 따로 썼대요. 그래서 우스꽝스럽게도 먼 길을 가는 선비는 대야를 가지고 다녀야 했어요.

그런데 말이죠, 지금은 거의 사라졌지만 우리에게는 목욕에 관련된 참 특이한 풍습이 있었답니다. 특정한 날에 모든 식구들이 모여 목욕을 하러 가는 거예요. 맑은 물이 흐르는 시내나 맑은 계곡으로 말이에요.

음력 5월 5일 '단오'에는 창포 물을 삶아 머리를 감는 일이 중요했지요. 아낙들은 서로 모여 머리를 감고 몸을 씻었어요. 이렇게 해야 머릿결이 윤기가 나고 부드러워졌거든요.

단오 풍경(신윤복 그림, 조선 시대)

또한 음력 6월 15일 '유두'에는 물이 맑은 개울에 가서 목욕을 했어요. 특히 동쪽으로 흐르는 물을 좋아했는데, 이 물에 머리를 감으면 몸이 튼튼해진다고 믿었답니다. 이렇게 흐르는 물에 몸을 씻는 것은 물이 무엇이든 깨끗하게 만든다는 성질 때문이었어요.

이처럼 특정한 날에 목욕을 하면 몸이 깨끗해질 뿐만 아니라, 우리의 마음 속에 쌓인 더러움을 닦아 낼 수 있다고 여긴 거예요.

69 옛날 사람들은 초인종도 없었는데 어떻게 살았을까요?

담장이 낮아서 초인종도 필요 없대요

"딩동! 딩동!"

요즘에는 집집마다 초인종이 있어요. 어떤 집에는 초인종이 울리면 누가 왔나 얼굴을 볼 수 있도록 카메라가 설치되어 있지요. 이런 것들은 누가 몰래 문을 열고 들어와 해칠까 봐 대문에 설치하는 것이지요.

옛날에도 초인종이 있었을까요? 옛날 사람들은 손님을 맞을 때, 손님을 찾아갈 때 어떻게 했을까요? 옛날에는 초인종이 없었어요. 그 대신 문 밖에서 목소리를 가다듬고 이렇게 외치는 거지요.

"이리 오너라!" 하고 큰 소리로 부르면 심부름하는 아이가 얼른 달려나온답니다. 아이는 집안의 문지기라 할 수 있어요.

"뉘신지요? 어르신."

"건너 마을의 이 대감이 찾아왔다고 주인께 아뢰어라."

옛날에는 이렇게 서로의 신원을 확인했어요. 그런데 이 이야기는 대문이 높은 양반 집의 이야기랍니다.

초가집에 살던 사람들은 풍채 좋은 솟을대문 대신에 아담한 울타리를 치고 살았어요. 가끔 산에서 내려오는 짐승들을 막기 위해 울타리를 친다 해도, 산에서 꺾어 온 나무를 엮어 세우는 것이 고작이었어요.

"거, 문이야 만들어도 그만이고 만들지 않아도 그만이지."

"맞네. 대나무 엮어 사립문짝만 만들면 되지. 그 위에다 호박 넝쿨도 올리며 키우고 말이야."

어떤 초가집은 사립문을 달아도 1년 내내 열어 놓고 지냈어요. 누가 와도 반갑다는 뜻이지요. 이런 초가집에 낯선 손님이 찾아오면 어떻게 했을까요? 그때는 방문 밖에 누가 와 있다는 것을 알리기 위해 인기척을 내었어요.

"흠흠, 어흠. 거, 뉘 없소?" 하고 헛기침을 하여 사람이 왔다는 것을 알리는 것이지요. 평민 집들의 대문은 항상 열려 있거나 아예 문이 없었어요. 또한 담장도 낮았답니다.

담장이 낮은 초가집

그럼, 옛날 사람들은 어떻게 도둑을 경계했을까요? 옛날에는 친척들이 한 집에 살거나 한 마을에 옹기종기 모여 살았어요. 마을 사람들은 서로 협동해서 농사도 짓고, 마을의 치안을 유지할 수 있었어요. 그러니 굳이 담을 높이 쌓고 대문을 두텁게 하여 사람을 경계할 필요가 없었던 거예요.

⑦ 옛날에는 비밀의 방이 있었을까요?

귀신이 나올까, 꿀이 나올까?

"으으, 무서워요. 벽장 문을 열면 꼭 뭔가 나올 것 같아요."
초가집이든 기와집이든 예로부터 우리 나라 집 안에는 다락이나 벽장이 한두 개는 꼭 있었어요.

광 속에 있는 벽장

다락은 바닥보다 높게 설치하여 만들어진 집 또는 방을 말해요. '다락집', '다락방'으로도 불리지요.

일상 생활에서 통용되는 '다락'은 이층이나 중이층에 꾸며진 방이에요. 대개의 경우 부엌 천장과 지붕 사이의 공간을 가리키지요. 중국의 《후위서》에는 이런 기록이 있어요.

"백제 사람들은 땅이 몹시 습하여 땅에서 떨어진 공간에 집을 지었다."

이를 미루어 보면, 바닥을 높게 만든 다락 구조의 건축이 자연 환경에 따라 적절하게 이용되어 왔음을 알 수 있지요.

다락 구조는 습지에서 쾌적한 공간을 구성하기 위한 주택이나 생활의 부속 공간으로 이용되었어요. 습기, 통풍, 벌레 등의 위협을 막아 곡물을 저장하는 데 쓰여요.

또한 물건을 오랫동안 잘 보존하기 위한 창고 등으로 이용되기도 해요.

"애야, 다락에 올라가지 마라. 거기 귀신 나온다."

"에이, 무슨 귀신! 혹시 꿀단지 있는 거 아니에요?"

옛날 사람들은 다락에 꿀단지나 귀한 음식 등을 넣어 두기도 했어요. 귀한 꿀이 이리저리 돌아다니지 않고 깊숙이 보관되어 있어서 쉽게 눈에 띌 염려가 없었지요. 그래서 아마도 아이들이 꿀에 손대지 못하게 하기 위해 다락이나 벽장에 관련된 귀신 이야기를 만든 것이 아닐까요?

다락이나 벽장은 계절에 따라 사용하지 않는 생활 도구를 넣어 두는 편리한 창고로도 쓰인답니다. 그래서 오늘날의 가옥에도 다락에 선풍기며 돗자리, 병풍 등이 들어 있는 집이 많아요. 또 여름이 되면 겨울 제품이 다락 안으로 들어가지요.

옛날 상류 주택은 다락 장지문에 서화를 붙여 두기도 했답니다. 벽장은 침구나 작은 물건 또는 자주 사용되는 생활 도구를 보관하는 장소예요.

71 변기가 없었을 때는 어떻게 볼일을 봤을까요?

최초의 간이 화장실은 요강?

놋쇠 요강

땅을 열심히 파요. 아주 깊이. 그리고 거기에 커다란 항아리를 묻지요. 이 위에 단단한 널빤지만 얹어 놓으면 '푸세식' 화장실이 완성되는 거예요.

뒷간은 아무래도 좀 지저분한 곳이라 마당 후미진 곳이나 외양간 옆 같은 데다 만들었어요. 옷 벗은 모습을 보일 수는 없으니, 지푸라기를 여러 개 엮어 만든 거적으로 가리거나 아니면 판자로 벽을 만들면 돼요. 헌 멍석을 걸어 두어도 좋고요.

어때요? 꽤 간편하게 지어졌지요?

게다가 항아리 안에 쌓인 분뇨(똥과 오줌)는 농작물의 비료로 쓰였어요. 밭에서 자라는 갖가지 식물들은 영양분이 아직 많이 남아 있는 우리의 분뇨를 먹고 쑥쑥 잘 자랐어요.

특히 제주도에서는 '잿간'이라는 곳에서 변을 볼 수 있게 만들어 놓았어요. 여기는 원래 재를 버리는 곳인데, 돼지를 키우면서 사람들의 분뇨를 먹게 하지요. 사람이 위에서 '볼

일'을 보면 돼지가 얼른 달려와 그것을 낼름 받아 먹지요. 제주도의 그 유명한 '똥돼지'란 바로 이렇게 자란 돼지를 말한대요.

또한 잠자다 갑자기 오줌이 마려울 때는 요강을 이용하면 돼요. 요강은 방 안에 두었다가 수시로 오줌을 눌 수가 있었어요.

요강의 재료는 매우 다양해요. 청자나 백자로 된 것, 청동으로 된 것, 오동나무로 만들어 물기가 스며들지 않도록 옻칠을 한 것 등 여러 가지니까 값이나 자기 마음에 드는 것을 고르면 되었지요.

우리 나라에 처음으로 오늘날과 같은 화장실이 만들어진 것은 1941년이라고 해요. 이때 처음으로 화장실이 집 안에 만들어지게 되었지요.

그리고 1962년에는 세면기, 변기, 욕조가 딸린 현재 모습의 화장실이 처음으로 만들어졌답니다. 서울 마포 아파트에서 있었던 일이랍니다.

그런데 말이지요, 참 신기한 일이 있어요. 수세식 화장실이 그 옛날 신라 시대에 벌써 있었다는 거예요. 돌로 만들어 지금처럼 앉은 자세로 볼일을 볼 수 있었다지요.

72 건축가가 없었을 때는 어떻게 건물을 지었을까요?

목수만 있으면 집 한 채는 뚝딱!

요즘에는 참 높은 빌딩도 많이 지어지지요. 우리 나라에도 63층이나 되는 빌딩이 있잖아요? 이런 빌딩은 높이 지어지는 것만으로도 놀랍지만, 모양도 멋있고 튼튼하다는 것이 더욱 놀라워요.

이런 건물을 짓기 위해서는 여러 가지 일을 하는 사람들의 세심한 손길이 필요해요.

빌딩이 지어질 장소를 물색하고, 어떻게 지을 것인지 설계도 해야 하지요. 그러면 또 다른 사람들이 땅을 파서 단단하게 만들고, 그 위에 철근으로 건물의 뼈대를 만드는 사람, 벽돌을 쌓고 시멘트를 바르는 사람, 조명 기구를 다는 사람과 유리창을 만드는 사람 등 전문적인 일을 하는 수많은 사람들의 손길이 거치게 돼요. 현대를 일컬어 '전문가 시대' 라고 하는 말이 딱 들어맞지요?

옛날에도 각자 자기가 맡은 일을 하기는 했지만, 지금처럼 각각의 전문가들이 나뉘어져 있었던 건 아니에요. 왕궁이나 절이나 일반 사람들이 사는 집을 지을 때는 거의 모든 사람들이 한꺼번에 그 일에 매달리는 게 보통이었답니다.

좋은 집터가 정해지면 우선 바닥을 단단하게 만들어야 했어요. 이때에는 마을 사람들이 모두 모여 이 일을 거들었답니다. 땅을 파고, 백토와 물을 넣어 바닥을 단단하게 다진 다음 밧줄로 엮은 커다란 돌덩이를 함께 들었다 쾅쾅 내리 던지며 바위만큼 단단한 바닥을 만들었던 거지요. 그 위에 나무로 기둥을 세우고, 벽을 바르고 집을 짓는 과정 역시 거의 같은 사람들이 했어요.

기와집 짓기(김홍도 그림, 조선 시대)

예전에는 집을 지을 때 여러 가지 재료가 들어가지 않았기 때문에 각각의 재료에 따른 전문가가 그다지 필요하지 않았던 거예요. 그래서 목수만 있으면 집 한 채가 너끈히 만들어졌어요.

조선 중기에 나온 《산림경제》라는 책에는 가난한 백성들이 목수 없이도 집을 지을 수 있도록 설명을 해 놓았어요. 집이 흔들리지 않도록 꼭꼭 다져진 땅 위에는 주춧돌을 세웠는데요, 이 책에 주춧돌 놓는 방법이 자세히 소개되어 있답니다.

73 유리가 귀했을 때는 무엇으로 창문을 만들었을까요?

황소바람도 못 뚫는 창호지 창문

요즘에는 유리가 참 흔해요. 책상 위에도 유리판, 장식장에도 유리, 창문도 유리, 온통 유리로 둘러싸여 있지요. 어항이나 컵도 물론 유리로 만들어져 있고요, 높은 빌딩의 벽마저 유리로 되어 있는 곳도 많아요.

그런데 옛날에는요, 유리가 참 귀한 물건이었대요. 그래서 유리로 만든 구슬이나 그릇은 왕족이나 귀족들만 가질 수 있는 보물이었고요, 유리로 만든 등도 왕실에서만 주로 쓰였답니다. 그래서 일반 집에서 창문에 유리를 끼운다는 건 생각할 수도 없는 일이었어요.

요즘에는 집집마다 창문이 유리로 되어 있어서 매서운 바람이 쌩쌩 부는 겨울에도 커튼만 걷으면 따뜻한 곳에서 바깥 풍경을 마음껏 볼 수가 있어요. 하지만 옛날에는 유리가 귀했으니 이런 일은 꿈 속에서나 가능하게 여겼을 거예요. 모든 창문은 유리 대신 창호지가 발라져 있었으니까요. 확실히 창호지 창문은 우리 옛 집에 무척이나 중요한 역할을 했답니다.

온돌로 방을 따뜻하게 하다 보니 방 안은 건조해지기 일쑤였거든요. 건조한 공기는 사람 몸에 아주 안 좋지요. 피부가 건조해져서 심하면 가렵기도 하고, 눈을 보호해 주는 눈물이 말라서 눈도 따끔따끔해지니까요. 또 감기도 쉽게 걸리게 되고요. 콧물이 말라서 먼지나 병균이 달라붙지 못해 몸 속으로 바로 들어오기 때문이에요.

이런 단점을 창호지 창문이 막아 주었어요. 바깥의 습기가 미세한 구멍이 송송 나 있는 창호지를 통해서 안쪽으로 들어오니까 아무리 불을 많이 때도 방 안이 건조해지는 것을 막아 준 거예요. 물론 흙벽이나 창호지를 바른 문도 창문만큼 습기를 전해 주었어요. 이렇다 보니 겨울에도 건강하게 살 수 있었답니다.

사분합경자창

창호지로 창문을 만들면 나뭇잎이나 꽃잎으로 멋도 낼 수 있어요. 창호지를 바른 다음에 잘 말린 나뭇잎이나 꽃잎을 그 위에 붙여 무늬를 만들어요. 그 위에 또 창호지 한 장을 덧바르면 멋스러운 창문이 되는 거예요.

74 큰 트럭이 없었을 때는 어떻게 무거운 것을 옮겼을까요?

무거운 돌도 척척!

자동차를 수십 대 싣고 지나가는 차를 본 적이 있나요? 정말 엄청나지요? 그럼, 무거운 돼지를 수십 마리 싣고 가는 트럭은요? 아주 무거운 짐도 쉽게 운반하는 지게차는요?

이런 기계 때문에 사람이 수십 명이 달라붙어야 이루어질 일들이 손쉽게 이루어지고 있어요. 얼마나 편해요?

옛날에는 물론 이런 기계들이 없었어요. 그래서 사람들이 직접 무거운 짐을 운반해야만 했어요. 집을 지을 때 필요한 커다란 돌이나 흙을 날라 올 때도 많은 사람들이 한꺼번에 달라붙어야 했지요.

우리가 잘 알다시피 둥근 통나무가 그나마 큼직하고 무거운 바위나 짐을 나를 때 힘을 덜어 주는 도구였어요. 이런 통나무를 바닥에 깔고 바위나 짐을 밀면서 원하는 곳으로 옮겨 갔지요. 옛날 이집트의 거대한 피라미드를 지을 때도 이 방법으로 그 큰 바위를 날랐다고 해요.

물론 바퀴가 달린 수레나 달구지도 요긴한 도구였어요. 지렛대도 마찬가지였고

달구지

요. 하지만 이런 도구들 역시 많은 사람들의 힘을 필요로 했어요.

조선 후기에 이르러서야 도구다운 도구가 만들어졌어요. '기중기'가 바로 그것인데, 수원성을 쌓을 때 정약용이라는 실학자가 만들어 냈답니다. 이건 무거운 물건을 위아래로 움직일 수 있도록 고안된 기계예요.

성을 쌓자면 높은 곳으로 무거운 바위를 많이 실어 날라야 했어요. 이 기계가 발명되기 전에는 사람들이 지게나 수레에 실어 나르거나, 아니면 통나무 위로 굴려 올려야 했어요. 하지만 기중기의 발명으로 낮은 곳에 쌓여 있는 무거운 돌들을 척척 위로 옮겨 손쉽게 성을 쌓을 수가 있었답니다.

꼭 성이 아니더라도 기중기의 쓰임은 다양했어요. 일반 사람들의 집을 지을 때도 무거운 재료들을 쉽게 위쪽으로 운반해 준 거예요. 또한 대포알을 나르거나 많은 음식을 나를 때에도 일일이 사람들이 운반해야 하던 것을 쉽게 만들어 주었지요.

지금도 '기중기'라는 기계가 있어요. 조선 시대의 기중기와 똑같은 역할을 하고 있지요. 전기나 엔진으로 작동한다는 것만 다를 뿐 원리는 그 옛날의 기중기와 같아요.

이 장에서는 화폐나 계산기, 저울, 우산,
화장지, 냉장고 등 다양한 생활 소품 이야기를 담았어요.
먹고, 입고, 자는 것처럼 큰 문제는 아니지만
생활하면서 꼭 필요한 것들이지요. 옛날 사람들이 쓰던
생활 소품에는 아주 깊은 정성이 숨어 있습니다.
요즘에는 공장에서 대량으로 물건을 찍어 내지만,
옛날에는 일일이 손으로 만들어야 했거든요. 그러다 보니
자잘한 물건 하나에도 사람의 손 맛이 담겨 있답니다.

옛날에는 어떤 생활 소품을 사용했을까?

75 옛날 사람들은 어떻게 무게를 쟀을까요?

더 주어도, 덜 주어도 죄

한 번쯤은 목욕탕에 가서 몸무게를 재 본 적이 있을 거예요. 전자 저울은 정확하게 무게를 재잖아요?

현대의 저울은 고도로 발달되어서 야채나 쌀, 몸무게 등을 정확하게 잴 수 있을 뿐만 아니라 눈에 보이지 않는 원소의 양까지 잴 수 있답니다. 미량 저울은 원소 무게를 잴 때 쓰이는데, 이것은 0.01밀리그램에서 0.001밀리그램의 차이를 쉽게 잡아 낸답니다. 그런데 옛날 사람들은 어떤 저울을 썼을까요? 옛날에도 저울이 있었을까요?

각종 대저울

한국에서는 언제부터 저울을 썼는지 확실하지 않아요. 하지만 고대인들도 분명 저울을 썼답니다. 고대인들은 청동칼, 활촉, 방패 등을 많이 만들어 썼어요. 그런데 이것들은 저울 없이는 만들 수 없었어요. 왜냐하면 이 무기들은 구리, 납, 아연, 철, 은 등을 정밀하게 섞어서 만들었기 때문이에요. 심지어 고려 시대에는 천칭 저울을 만들어 썼다고 기록되어 있어요.

쇠로 만든 두 개의 동그란 접시가 보이지요? 동그란 접시

한 쪽에는 추를 올려 놓고, 다른 한 쪽에는 여러 가지 물건을 올려 놓아 무게를 잰답니다. 천칭 저울은 어느 한 쪽으로도 기울어지면 제 무게가 아니라는 것을 알려 주어요.

옛날 천칭 저울

그런데 천칭 저울의 접시는 아주 작지요? 이런 천칭 저울은 귀금속이나 약초, 가루약 등 가벼운 물건을 다룰 때만 썼어요. 무게가 많이 나가는 물건들은 대저울을 이용해서 무게를 쟀답니다.

대저울은 눈금이 새겨진 지렛대 위에 추를 움직여 평행이 되는 눈금을 읽음으로써 무게를 알 수 있답니다. 이런 대저울은 시장에서 쌀이나 고기, 소금 같은 것을 팔 때 이용되었어요. 옛날에 시장에서는 저울을 둘러싼 흥정이 재미있었답니다.

"아니, 저울이 기울었잖소! 쌀 좀 더 주시오."

"하하, 기울었다니오. 제가 보기에는 딱 평행인뎁쇼."

물건을 더 얹으려는 손님과 눈금을 속이려는 상인들 간의 흥정은 정말 흥미진진하지요. 하지만 상인들이 못된 마음을 먹고 저울을 속인 적도 많았답니다. 이런 나쁜 상인들은 발견되면 즉시 벌을 받았지요. 조선 명종 때에는 저울을 부정하게 쓰다 들키면 멀리 섬으로 귀양을 보내기도 했대요.

옛날 사람들은 어떻게 무게를 쟀을까? · 177

⑯ 옛날에는 에어컨도 없었는데 어떻게 여름을 지냈을까요?

바람을 일으켜 더위를 막아라

"엄마, 너무 더워요. 가만히 있어도 땀이 줄줄 흘러요."
"그래, 그럼 에어컨을 틀어 볼까?"

에어컨이 처음 나왔을 때 사람들은 깜짝 놀랐어요. 작은 네모난 기계에서 얼음처럼 차가운 바람이 씽씽 나왔으니까요. 이제는 선풍기보다는 에어컨이 인기가 점점 올라가고 있어요.

옛날에는 바람을 일으키는 선풍기도 에어컨도 없었는데 어떻게 여름을 시원하게 보냈을까요? 옛날 사람들은 여름에 모시 옷이나 삼베 옷을 입고 지냈어요. 바람이 솔솔 통하는 옷을 입고 대나무 방석에 앉아 더운 여름을 보냈지요. 그런데 여름에 빠질 수 없는 것이 하나 있었어요. 그것은 바로 '부채' 랍니다.

부채는 순수한 우리말이에요. '부' 자는 손으로 부쳐서 바람을 일으킨다는 뜻이고, '채' 자는 가는 대나무를 뜻해요. 다시 말해 부채는 '손으로 부쳐서 바람을 일으키는 채' 라는 뜻이지요.

부채의 대표적인 종류로는 둥글부채와 접부채가 있어요.

초기에 부채가 쓰여질 무렵의 부채는 모두 둥글부채였어요. 둥글부채의 모양은 상당히 다양하지만, 대부분은 나뭇잎 모양에서 따온 것이랍니다. 접부채는 부챗살이 서로 겹쳐 있어 활짝 펴서 사용하도록 되어 있는 것이에요.

각종 부채

종이가 없었던 시절에는 대나무살에 비단을 붙여서 썼어요. 그러다 종이가 만들어지자 부채도 다양한 모양으로 만들어졌답니다. 우리 나라의 닥나무 한지는 부채를 만들기에 더없이 좋았어요. 닥나무 한지는 질기고, 가볍고, 수명이 길었기 때문이에요. 우리 나라의 부채 제작 기술은 오래 되었어요. 고려 시대에는 접었다 폈다 하는 접부채를 발명하여 중국이나 일본에 그 기술을 전해 주었답니다.

"고려인들은 한겨울에도 부채를 들고 다니는데, 접었다 폈다 하는 신기한 물건이다."

고려를 다녀간 중국 송나라 사신은 고려의 부채를 보고 감탄하여 이런 글을 남겼답니다. 당시 중국의 사신들은 고려에 와서 부채를 얻는 것을 좋아했어요. 특히 그림이나 글씨를 넣은 접부채를 귀히 여겼어요. 조선 시대에는 중국이나 일본에 수출까지 했을 정도였답니다.

77 옛날에는 비가 올 때 무엇을 썼을까요?

비 오는 날에 종이 우산을?

종이 우산을 쓴 노인
(김명국 그림, 조선 시대)

지금은 우산이 너무 흔하지요? 한 집에 몇 개씩 있는 게 보통이지요. 색깔도 다양하고, 모양도 갖가지예요.

옛날 사람들이 이런 모습을 본다면 무척 부러워할 거예요. 옛날 사람들은 '종이 우산'을 썼었거든요. 종이 우산은 말 그대로 종이로 만들어진 우산이지요. 비 오는 날 종이 우산을 썼다니 좀 이상하지 않나요? 물에 젖자마자 구멍이 뻥 뚫릴 것만 같은데 말이에요.

하지만 걱정 마세요. 바보가 아닌 이상 누가 종이를 있는 그대로 사용했겠어요? 종이에 기름을 잔뜩 먹여 물방울이 또르르 굴러 내리게 했답니다.

비를 피하는 데는 우산만 쓰였던 건 아니에요. '삿갓'도 있었고, '도롱이'도 있었어요.

삿갓은 갈대로 만든 커다란 모자지요. 방랑 시인 김삿갓은 매일매일 이 삿갓을 쓰고 전국 방방곡곡을 유유히 다녔다지요. 방랑을 하자니 비를 맞닥뜨릴 때도 많았고, 내리쬐는 햇빛에 눈이 부실 때도 많았을 거예요. 그런데 큼지막한 이 삿갓을 쓰고 있으면 비도 햇빛도 상관없이 먼 길을 갈 수가 있었겠지요.

농민들이 쓰던 '농립'도 삿갓처럼 비를 피하기에 적절했어요. 크기가 조금 작기 때문에 일을 할 때도 앞을 가리지 않아 편했지요.

도롱이

농민들이 좋아하던 것으로는 '도롱이'도 있었지요. 도롱이는 망토처럼 생겼어요. 지금으로 치면 '우비'라고나 할까요?

도롱이는 대개 짚이나 띠, 그리고 여러 가지 풀을 잇대어 만들었어요. 풀을 엮을 때 기와처럼 차곡차곡 밖을 향해 늘어지도록 만들었기 때문에 빗물이 안으로 들어가지 않고 또르르 미끄러져 내려갔어요. 더군다나 비가 오는 추운 날에는 몸을 따뜻하게 보호해 주기도 했답니다.

원시 시대에도 비를 피하기 위한 여러 장비가 있었다고 해요. 원시인들은 커다란 나뭇잎이나 동물의 가죽을 이용해서 머리에 쓰거나 비옷처럼 입었다고 하는군요.

73 화장지가 없었을 때는 어떻게 뒤처리를 했을까요?

쉿, 화장실 새끼줄의 비밀

요즘엔 화장지도 참 예쁘게 나오더군요. 파란 꽃무늬가 찍힌 휴지도 있고, 올록볼록 엠보싱 처리가 하트 모양으로 되어 있는 휴지도 있더라고요. 거기다가 향기까지 나는 화장지도 있어요.

뿐만 아니라, 촉촉하게 젖어 있어 손을 씻을 필요가 없게 만든 것도 있지요. 왜 식당에 가면 그런 걸 주잖아요. 매우 보드라운 것도 있고, 또 어떤 것은 로션이 들어 있어 휴지로 손을 닦으면 굳이 로션을 안 발라도 된대요.

하지만 예전에는 이런 휴지가 하나도 없었지요. 모두들 생활 주변에서 쉽게 얻을 수 있는 것들을 활용했어요.

새끼줄

제일 먼저 생각나는 것은 지푸라기예요. 뒷간에서 일을 보고 나서 짚을 몇 가닥 뭉쳐서 휴지처럼 쓱 닦지요. 아니면 지푸라기로 만든 새끼줄을 이용하기도 했어요. 뒷간에 새끼줄을 묶어 두었다가 다리 사이에 끼우고 그 위를 쓱 지나가면서 밑을 닦는 거지요. 남이 썼던 부분을 또 쓸 수도 있으니 좀 비위생적이었겠어요.

182

어떤 곳에서는 옥수수를 휴지처럼 썼대요. 옥수수 알갱이를 다 딴 다음, 그 안의 뼈다귀까지 휴지처럼 썼다는 군요. 참 알뜰도 하네요. 또 있어요. 호박잎도 좋은 휴지 역할을 했어요. 좀 까칠까칠하지만 넓적하고 두툼해서 사용하기에 편리했지요.

매일매일 이렇게 생활하다 보니 나뭇잎을 휴지처럼 쓰는 일은 자연스러웠어요. 그래서 숲이나 들에서 볼일을 보게 되더라도 근처에 있는 넙적한 나뭇잎을 뜯어 쓱 닦으면 그만이었지요.

나중에 종이가 많이 보급되자, 이제는 종이를 휴지처럼 사용했어요. 신문지도 훌륭한 휴지 역할을 했지요.

처음에 종이를 쓸 때는 종이가 거칠고 두꺼워서 많이 구기고 문질러서 부드럽게 만들어 주어야 했어요. 그래야 항문에 상처가 나지 않았기 때문이지요.

지금 생각해 보면 참 우스꽝스럽네요. 할머니, 할아버지에 자식, 손자들이 모두 이렇게 두 손으로 종이를 비비고 있는 모습을 상상해 보세요. 정말 재미있지 않나요?

79 옛날에는 어떤 화폐를 썼을까요?

말도 많고 탈도 많은 화폐

"이것 참, 쌀 한 가마니하고, 요 조그만 쇳덩어리를 맞바꾸란 말이오? 기가 막혀서!"

"말도 안 돼요. 내 비단 한 필이 그 쇳덩어리하고 어떻게 똑같단 말예요?"

화폐가 처음 나왔을 때는 정말 말도 많고 탈도 많았어요. 나라에서 상인과 일반 백성을 위해 만든 것이라고는 하지만, 아무래도 쌀 한 가마니나 비단과 쇳덩어리를 바꾼다는 건 말도 안 된다고 생각했어요.

위와 같은 일은 고려의 성종 때 있었던 일이에요. 왕은 좀 더 원활한 상거래를 위해 규격화된 화폐를 만들었던 거예요. 하지만 백성들은 이 화폐의 가치를 잘 몰랐기 때문에 자기 물건과 쇳덩어리를 바꿀 수는 없다고 여겼어요. 여전히 쌀이나 베로 값을 매겨 다른 물건과 바꾸고는 했어요.

이 때문에 화폐는 우리 생활에 정착할 수가 없었어요. 조선 시대에 이르러서야 화폐가 널리 쓰이기 시작했지요. 태종 때는 '저화'라는 화폐가 만들어졌고, 세종 때는 '조선통

옛날 화폐를 만들었던 틀

보'가 만들어졌지요. 동전이 가장 많이 만들어지고 가장 많이 쓰이던 때는 조선 중기 무렵인 17세기 이후였어요. 이때에는 본격적으로 화폐를 만드는 일만 맡았던 관청도 생겼답니다.

당시에 널리 쓰이던 화폐의 이름은 '상평통보'였어요. 둥근 동전 가운데 네모난 구멍이 뚫려 있는 동전이지요. 우리가 보통 '엽전'이라고 말하는 게 바로 상평통보예요.

이로써 물건을 파는 사람이나 사는 사람들은 좀더 간편한 몸과 마음으로 시장에 나섰어요. 돼지를 사기 위해 닭 수십 마리를 장이 서는 곳까지 가지고 가야 했던 사람들은 이제 더 이상 그런 불편한 일은 하지 않아도 되었지요. 단지 주머니에 화폐를 넣어 달랑달랑 간편하게 장으로 오면 그만이었어요.

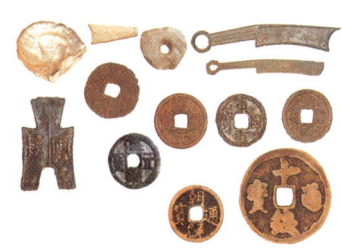

각종 옛 화폐

물론 이렇게 정해진 모습을 가진 화폐를 만들기 시작한 건 한참 나중의 일이었어요. 하지만 아주 먼 옛날, 물물 교환을 하던 시대라고 해서 화폐가 없었던 건 아니었답니다. 이때는 곡물이나 베도 화폐처럼 쓰였고, 조개 껍데기를 화폐처럼 사용하기도 했거든요.

⑧ 샴푸도 없었는데 어떻게 머리를 감았을까요?

창포만 있으면 샴푸도 부럽지 않아요

머리를 감는 일은 때로 귀찮게 느껴져요. 물로 적시고, 샴푸로 거품을 내서 한 올 한 올 깨끗하게 하고, 또 몇 번이고 헹구어 내야 하니까요. 그뿐인가요? 축축하니까 잘 말리기도 해야지요.

생각해 보면, 옛날 사람들은 머리카락도 길어서 머리를 감는 게 더 귀찮았을 것 같아요. 추울 때는 물도 끓여야 하고, 금세 더러움이 없어지는 샴푸도 없었으니까요.

창포 줄기

하지만 우리 조상들은 지금 쓰는 샴푸보다 더 좋은 걸 사용했대요. 그게 뭐냐고요? 바로 창포였지요. 창포의 잎과 흰 뿌리를 서늘한 곳에서 말렸다가 끓는 물에 우려 내서 샴푸처럼 쓴 거예요.

창포는 세척 효과가 아주 뛰어나대요. 더러움이 쉽게 지워진다고 하지요. 또한 머리칼에 윤기가 자르르 흐르게 만드는 성분도 들어 있고, 향기 또한 은은하다고 해요. 좋은 성분이 많이 들어 있기 때문에 머리카락이 상할 위험도 없고, 두피도 보호해 주고요.

그뿐이 아니에요. 샴푸는 합성 세제라 분해가 안 되잖아요. 샴푸를 많이 쓰는 것은 우리의 강 물이 썩어 가게 하는 큰 원인 중의 하나이지요. 말하자면 환경 오염의 주범이 된다 이 말이에요. 하지만 창포는 물 속에서 분해가 잘 되니까 물이 오염될 리 없지요.

창포는 연못가나 도랑가에서 잘 자라며, 희거나 붉은 꽃이 피는 식물이에요. 짙은 녹색의 잎은 뿌리에서 무더기로 나오고, 밑부분이 붓꽃처럼 모여 있어요.

특히 음력 5월 5일인 단옷날 창포를 넣고 끓인 물에 머리를 감거나 목욕을 하는 풍습이 있어요.

창포 말고도 샴푸처럼 쓰인 것들이 몇 가지 더 있어요.

천궁이라는 식물과 명태 머리가 그것이지요. 이것을 삶아 낸 물에 머리를 감았다고 해요. 이 물에는 기름기를 잘게 부수는 성분이 녹아 있어서 머리 감기에는 그만이었다고 하는군요.

참 신기하기도 하지요. 우리 조상들은 창포, 천궁, 명태 머리 등에 이렇게 머리카락에 좋은 성분이 들어 있는 것을 어떻게 알아냈을까요? 지금처럼 실험실에서 실험을 할 수도 없었을 텐데 말이에요.

⑧ 유리가 없었을 때는 어떻게 거울을 만들어 썼을까요?

거울아, 거울아, 이 여자는 누구냐?

"오호, 이거면 아내가 아주 좋아하겠는걸."

옛날 시골 농사꾼이 모처럼 서울에 가서 거울을 샀어요. 항상 밤낮으로 고생하는 아내를 위해 특별한 선물을 준비한 것이지요. 농사꾼이 집으로 돌아오자, 아내는 얼른 보따리를 끌러 보았답니다.

"아니, 이게 뭘까?"

거울을 손에 든 농사꾼의 아내는 깜짝 놀라 소리쳤어요.

"에그머니나, 이게 뭐야! 서울 갔더니 예쁜 여자를 얻어 왔구나. 엉엉엉."

이 이야기는 거울을 소재로 만든 옛날 이야기예요. 옛날에는 이런 이야기가 만들어졌을 정도로 거울이 귀했답니다. 그럼, 옛날 사람들은 어떤 거울을 썼을까요? 또 유리가 없었을 때는 어떻게 거울을 만들었을까요?

우리 나라의 가장 오래 된 거울은 기원전 6세기경에 제작된 것으로 보이는 '동경'이에요.

동경(구리 거울)

동경은 구리로 만든 거울이랍니다. 동판의 표면을 잘 다듬고 문질러 얼굴을 비추어 볼 수 있게 한 것이지요. 반들반들한 앞면에는 얼굴을 비출 수 있고, 뒷면에는 아름다운 문양이 새겨져 있답니다. 동경은 둥근 모양으로 된 것이 가장 많아요. 그러나 동경의 모양은 지금의 거울처럼 다양했답니다. 동경이 만들어지기 전에는 대야에 물을 담아 얼굴을 비추어 보았어요.

동경은 잘 보관해야 했어요. 만약 허술히 보관하여 습기가 낀다면 거울이 꺼멓게 녹이 슬어 아무것도 비칠 수 없으니까요. 그래서 옛날에는 동경을 매일같이 열심히 닦았어요. 눈이 부실 정도로 윤이 반짝반짝 나야지만 얼굴이 바르게 비추어지니까요.

우리 나라에 현재와 같은 거울이 제작된 것은 1883년 인천에 판유리 공장이 설립되면서부터예요. 그때부터 유리가 사용됨으로써 얼굴을 비추는 유리 거울이 만들어졌답니다.

조선 시대 화장 경대

그런데 옛날에는 여자들만이 아니라 남자들도 거울을 애용했어요. 매일 아침이면 선비들은 거울 앞에서 긴 머리를 가지런히 빗고 상투를 틀었던 것이지요.

82 계산기도 없었는데 어떻게 복잡한 계산을 했을까요?

옛날 계산기의 왕자, 주판

"150원짜리 오이 17개와 970원짜리 무 13개를 사면 모두 얼마일까요?"

"으으, 머리 아파."

요즘에는 컴퓨터나 계산기를 이용하면 쉽게 셈을 할 수 있어요. 하지만 계산기가 없던 옛날에는 어떻게 셈을 했을까요? 인간이 셈을 하기 시작한 것은 선사 시대부터였다고 해요. 수천 년 전의 사람들은 손가락, 뼈 조각이나 조약돌을 사용해서 셈을 했어요. 그때의 셈은 지금의 유치원생에도 미치지 못하는 수준이었지요. 하지만 셈이 점차 복잡해지자 사람들은 계산기를 고안해 냈어요. 물론 지금과 같은 전자 계산기는 아니었답니다.

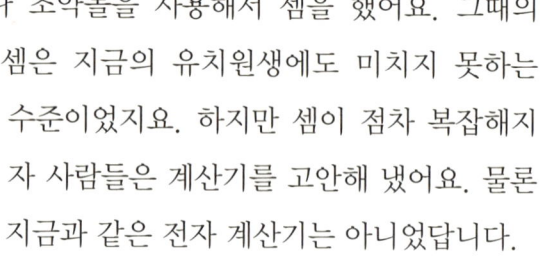

우리 나라에 계산기가 처음 들어온 것은 조선 시대였어요. 중국에서 발명된 주판이 수입된 거지요. 주판은 계산을 할 때 쓰는 기구로 수판, 선판이라고도 합니다. 우리 나라와 중국 주판은 원래 위칸에 다섯 개를 나타내는 알이 두 개, 아래칸에는 한 개를 나타내는 다섯 개의 알

주판

로 구성되었어요.

우리 나라 주판은 임진왜란 때 일본에 전해졌어요. 그런데 일본은 이를 개량하여 윗줄의 알을 한 개로 줄였으며, 뒤에는 아랫줄의 알도 네 개로 바꾸었어요. 더욱 간편한 형태로 바뀐 것이지요. 이 새로운 형태의 주판은 1932년에 거꾸로 우리 나라에 들어왔어요. 여러분의 할아버지와 할머니께서 쓰시던 주판은 일본에서 재수입된 주판이랍니다.

불과 몇 십 년 전만 해도 주판은 집에 없어서는 안 될 중요한 물건이었어요. 지금 여러분이 컴퓨터 학원에 다니듯이, 여러분의 부모님 세대들은 주산 학원에 다니며 주판 놓는 법을 배웠어요. 주판을 두면 두뇌 회전에도 좋았고, 셈 능력도 좋아졌으니까요.

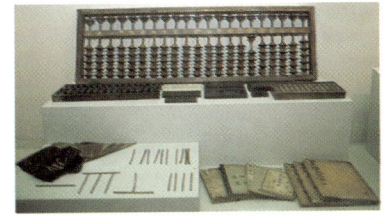
다양한 계산 도구

주판은 컴퓨터가 개발되기까지 수백 년 동안 계산기의 왕자 자리를 지켜 왔어요. 아무리 복잡하고 어려운 계산이라도 주판 알을 튕기면 금세 해결되곤 했지요. 또한 주판을 이용해서 계산을 하면 정확하고, 쉽게 다시 검토할 수 있기 때문에 널리 애용되었답니다.

⑧ 수도도 없었는데 어떻게 살았을까요?

우물 신이 지켜 주던 맑은 물

우리가 수돗물을 마시기 시작한 지는 100년도 되지 않았어요. 1908년 서울의 뚝섬 정수장이 준공되고 나서야 서울 시민에게 수돗물을 공급하기 시작했으니까요.

수돗물은 수원지에서 물을 모아 정수장에서 맑게 한 물이에요. 정수장에서는 흙먼지, 모래 등의 나쁜 물질을 가라앉히는 침전 과정을 거치지요. 침전이 끝나면 작은 모래와 숯가루를 섞어 만든 여과사를 통과하게 하여 아주 작은 입자까지도 모두 거른답니다.

옛날 우물

수돗물을 마시기 전에는 우물물이나 개울물을 그대로 마셨는데, 깨끗하지 못한 까닭에 전염병이 발생하기도 했답니다. 그래서 옛날 사람들은 물을 깨끗이 보존하고자 많은 노력을 했어요.

옛날 서울에서는 백호수, 청룡수, 주작수 등의 물을 길어다 파는 도가에는 물의 좋고 나쁨을 알아 내는 백발 노인을 두었어요. 우리 조상들은 물에 대한 품격도 정해 두었답니다. 충주 '달천수'가 으뜸이요, 오대산에서 흐르는 한강의

'우중수'가 버금이며, 속리산에서 흐르는 '삼타수'를 그 다음으로 쳤어요.

두레박으로 물을 긷는 우물

우물물을 길어다 마셨던 옛날 사람들은 우물을 아주 소중히 관리했답니다. 우물에서 좋은 물이 솟아 나와야 그것을 먹는 사람들이 건강하기 때문이었지요. 그래서 가뭄이 들 때나 물이 귀한 지역에서는 우물 고사를 지냈어요.

"뚫어라 뚫어라, 천년 만년 뚫어라."

"뚜루세 뚜루세, 물구멍만 뚫으세."

또 옛날 풍물패들은 이 집 저 집을 돌 때 우물 덕담도 해 주었답니다. 덕담이란 앞으로 잘 되기를 축복하는 말이지요.

옛날에는 우물 고사를 지내기 전에 반드시 우물을 청소했어요. 그리고 우물에 지붕을 씌우거나 금줄을 쳐 당분간 물을 먹지 못하게 하기도 했답니다. 이는 위생상으로도 좋은 일이었어요.

그런데 우물은 단순히 물을 긷는 곳만이 아니에요. 우물은 기우제를 지내는 장소이기도 했어요. 기우제는 비를 내려 달라고 비는 제사이지요.

"용왕지신 울리자……. 7년 대한 가뭄에, 물이나 칠렁 실어 주소."

84 세탁기가 없었을 때는 어떻게 옷을 빨았을까요?

도시락 들고 빨래터에 간 여인들

옛날 여인들은 눈코 뜰 새 없이 바빴어요. 부엌 아궁이에 나무 때서 밥 짓고, 밭에 나가 씨 뿌리고, 나물 캐고, 빨래하고, 길쌈하여 손수 옷을 만들어 입었지요.

그 중 빨래는 손이 많이 가는 일 중의 하나였답니다. 그러면 세탁기도 없었던 옛날에는 어떻게 옷을 빨았을까요?

옛날 여인들은 빨래를 하러 강가나 냇가에 있는 빨래터로 갔어요.

빨래를 하려면, 가장 먼저 해야 하는 일이 옷을 뜯는 일이에요. 옷을 뜯다니, 참 이상하게 들리지요? 옛날 옷들은 꿰맨 실밥을 일일이 뜯어서 조각조각 나누어야 했어요. 그렇게 하지 않으면 귀한 모시옷이나 비단옷들은 옷 모양새가 비뚤어지고 옷감이 쉽게 망가지거든요.

그런 다음 조각조각 나누어진 옷을 빨았어요. 때를 빼려면 손으로 비비고 빨래 방망이를 들고 철벅철벅 힘차게 두드려야 한답니다.

빨래 방망이로 두드리고, 손으로 비틀어 짠 옷은 뜨거운 물에 삶아야 해요. 빨래를 삶는 물은 주로 양잿물을 썼답니다. 양잿물은 짚이나 뽕나무 등을 태운 재를 걸러 얻은 물이에요. 양잿물은 오늘날의 비누나 세제와 같은 것이지요.

빨래터(김홍도 그림, 조선 시대)

보글보글 끓은 양잿물에 삶아진 옷을 맑은 냇물에 행구어 말리면 눈부시게 깨끗해졌어요.

옛날에는 빨래가 많은 날이면 점심을 싸 들고 빨래터에 갔다고 해요. 그만큼 빨래하는 일은 쉽지 않았고, 많은 시간을 들여야 했다는 걸 뜻하지요.

빨랫줄에 걸린 옷이 잘 마른 다음에는 착착 걷어서 다듬이질, 다림질을 했어요. 옛날에는 손잡이가 달린 넓적한 그릇 속에 뜨거운 숯불을 넣고 옷을 다렸답니다. 자, 이제 마지막으로 남은 일은 조각조각 나누어진 옷을 다시 꿰매는 일이겠지요?

이처럼 빨래하는 일은 옛날 여인들의 일 중에서 가장 힘들었답니다. 하지만 여인들은 일이 힘들다 하여 꾀를 피우지 않았어요. 빨래하는 데도 순서가 있었고, 또 깊은 정성이 들어가야 깨끗한 한 벌의 옷이 만들어졌기 때문이지요.

85 옛날에는 어떤 무기를 가지고 전투를 했을까요?

중국은 창, 일본은 칼 그리고 한국은 활

원시인들은 돌이나 나무토막, 뼈 조각 등을 무기로 썼어요. 사냥을 하고, 또 사나운 맹수들로부터 자신을 보호하기 위해서였지요.

하지만 여러 부족이 생기고 싸움이 일자, 무기도 점차 변하게 되었답니다. 이때부터 무기는 동물들과 대항하기 위해 쓰인 것이 아니라 사람들끼리 서로 싸우는 데 쓰였어요. 그러면 옛날 사람들은 어떤 무기를 들고 싸웠을까요?

활 쏘기
(김홍도 그림, 조선 시대)

우리 나라 무기의 특징은 장거리 공격용이란 거예요. 특히 '활'과 '화포 무기'가 그 대표 격이랍니다. 중국이 창, 일본이 칼이라면 한국은 활의 민족이라 할 수 있어요. 활은 화살을 메겨 쏘는 무기예요. 단단한 나무나 쇠를 휘어서 반달 모양으로 궁체를 만들고, 활에 시위를 걸어 화살을 메길 수 있게 만든 것이지요.

고구려 벽화 등 숱한 상무도나 사냥 그림에서도 활 쏘는 모습이 많아요. 그리고 주몽·이성계·이완 등 숱한 명장은 활 쏘기의 대가였어요. 지금도 한국인들의 활 솜씨는 녹슬지 않았답니다. 올림픽에서 금메달을 독차지하잖아요?

활과 함께 우리 나라의 대표적인 무기는 화포 무기라 할 수 있어요. 과거 우리는 독자적인 기술로 개발한 화포 무기의 강국이었답니다. 지금으로부터 600년 전만 해도 세계에서 화약 기술을 보유한 나라는 한국과 중국뿐이었어요.

우리 나라의 대표적인 개인 화포 무기는 '승자총통'이에요. 한 마디로 현대식 소총이라 할 수 있어요. 승자총통은 2.7구경에 50센티미터 길이의 총통에 화살이나 총탄을 장전해 발사하는 무기예요. 이것은 사정거리도 600미터에 이르렀어요. 참으로 신기하지요?

그런데 옛날에도 로켓이 있었다는 사실을 아세요? 조선 시대에는 '대신기전'이라는 로켓 무기가 있었어요. 긴 대나무의 윗부분에 종이통이 부착된 구조예요. 긴 대나무는 로켓이 앞으로 똑바로 안정되게 날아갈 수 있도록 해 준답니다. 신기전 앞부분에는 종이통 폭탄인 신기전 발화통이 부착되어 있어서 목표 지점에서 폭발할 수 있도록 되어 있었어요.

대신기전

86 냉장고가 없었을 때는 어떻게 음식을 시원하게 보관했을까요?

시원한 얼음 창고, 석빙고

음식을 시원하게 보관하기 위해서 냉장고를 사용하지요? 요즈음 냉장고가 없는 집은 거의 없을 거예요. 하지만 오늘날처럼 거의 대부분의 사람들이 냉장고를 쓰게 된 지는 얼마 안 돼요.

그러나 냉장고와 비슷한 설치를 한 것은 아주 오래 전 일이랍니다. 이런 설치가 역사상 처음으로 쓰인 것은 기원전으로 거슬러 올라간 때였다니 참으로 옛날 사람들의 지혜가 엄청나지요?

지금으로부터 3,000년 전, 그리스에서는 차가운 눈을 벽 사이에 넣어 냉장고처럼 썼대요. 그리고 우리 나라와 중국에서는 '석빙고'를 만들어 썼다는군요.

그런데 석빙고가 뭐냐고요? 석빙고란 한 마디로 말해 돌로 만들어진 얼음 창고예요. 겨울에 강에서 얼음을 깨뜨려 이곳에 넣어 두는 거지요. 땅을 깊게 판 뒤에 안쪽에 돌로 벽을 만들었기 때문에 얼음이 쉽게 녹지 않는답니다. 여름에는 땅 속이 시원하니까요.

석빙고는 참 과학적으로 만들어졌어요. 바닥을 경사지게 만들어서 얼음이 조금씩 녹으면 물이 빠질 수 있도록 했거든요. 그뿐인가요? 천장은 무지개처럼 둥글게 만든 다음 공기가 통할 수 있도록 구멍도 만들어 놓았어요.

경주 석빙고

우리 나라에서는 이러한 석빙고를 신라 시대부터 사용하기 시작했대요. 하지만 그때 만들어진 석빙고는 지금 하나도 남아 있지 않아요. 우리 나라의 보물로 정해진 '경주 석빙고', '안동 석빙고', '창녕 석빙고', '영산 석빙고' 등은 모두 조선 시대에 만들어진 것이라는군요.

서울에도 석빙고가 있었어요. 지금 '서빙고', '동빙고'라는 이름의 동네가 바로 석빙고가 있던 곳이지요. 겨울철 한강이 꽁꽁 얼었을 때, 얼음을 뚝 잘라 이곳에 보관했다가 여름철 더울 때 썼대요. 이 때문에 동네 이름이 이렇게 특이하게 붙은 것이랍니다.

현재 우리가 사용하고 있는 냉장고는 한참 뒤 1900년대에 들어서야 만들어지게 되었어요. 영국에서 최초로 만들었대요.

옛날에도 공휴일이 있었답니다.
노는 날을 좋아하기는 예나 지금이나 마찬가지인가 봐요.
옛날 사람들은 휴일이나 명절 날이면 모두 한데 모여
즐겁게 놀았답니다. 이 장에서는 옛날의 전통 놀이와 사회 제도,
그리고 결혼식과 장례식의 어제, 오늘의 모습도 담았습니다.

옛날에는 어떤 **놀이**가 있었을까?

87 옛날 여자 아이들은 무엇을 하며 놀았을까요?

널 뛰며 훔쳐보는 바깥 세상

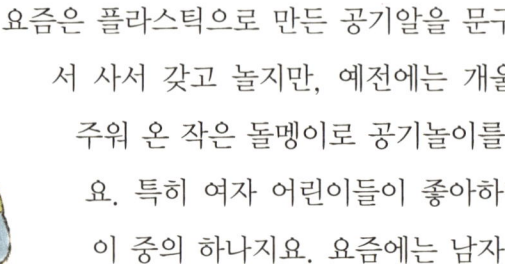

공기 다섯 알을 가지고 공중에서 던지고 받는 '공기놀이'를 해 본 적이 있지요? 이것이 오랜 옛날부터 이어져 온 놀이라는 것은 알고 있었나요?

요즘은 플라스틱으로 만든 공기알을 문구점에서 사서 갖고 놀지만, 예전에는 개울에서 주워 온 작은 돌멩이로 공기놀이를 했어요. 특히 여자 어린이들이 좋아하던 놀이 중의 하나지요. 요즘에는 남자 어린이들도 이 놀이를 좋아하지만, 옛날에는 여자 어린이들만 이 공기놀이를 했답니다.

이것 말고 다른 놀이도 많았어요. 특히 '널뛰기'는 여자들이 좋아하는 놀이였어요. 가운데 둥그런 가마니를 고인 널빤지 양쪽에서 두 사람이 발을 힘차게 구르는 놀이 말이에요.

그런데 이 널뛰기는 여자들이 집 바깥 구경을 하기 위해

널뛰기

만들어졌다는 얘기가 있어요. 옛날에는 여자가 밖으로 나들이를 가는 걸 막았기 때문이지요. 널을 담장 안에 만들어 놓고, 널을 뛰며 담 밖의 모습을 보고는 했다는 거예요.

그네뛰기

'그네뛰기'도 마찬가지였어요. 특별한 날에는 마을의 경치 좋은 곳에 그네를 매달아 타고 놀았지만, 평상시에는 집 안의 큰 나무에 그네를 걸어 놓고 타고는 했어요. 힘껏 굴러 높이 올라가면 바깥을 마음껏 볼 수가 있었답니다.

'줄넘기'도 여자 어린이들이 즐기던 놀이였어요. 널이나 그네처럼 특별히 장치를 할 필요도 없이 줄 하나면 모든 게 해결되는 간단한 놀이지요. 짧은 새끼줄을 가지고 빙글빙글 돌리며 줄을 넘었어요.

줄넘기는 세계적으로 널리 퍼져 있는 놀이이기도 해요. 중국에서도 일본에서도 이 놀이를 즐겼다네요. 특히 일본에는 줄넘기를 하면서 불렀던 노래가 남아 있어요. 지방마다 〈큰 파도 작은 파도〉, 〈아가씨 들어오세요〉라는 노래를 부르며 줄을 넘었대요. 미국에서도 〈커피가 좋아요, 홍차가 좋아요〉라는 노래를 부르며 줄넘기를 했대요.

88 옛날 남자 아이들은 무엇을 하며 놀았을까요?

요놈! 엽전을 훔쳐다 제기를 차는구나

옛날에는 놀이에서도 남자와 여자의 구분이 뚜렷했어요. 그래서 남자 어린이들은 여자 어린이들의 놀이와는 다른 놀이를 즐겼답니다.

대표적인 놀이가 씨름이에요. 이 놀이는 꼭 어린이만 하던 놀이는 아니었지요. 명절 때만 꼭 열리는 천하장사 씨름 대회처럼 어쩌면 어른들이 더 좋아한 놀이라고 보아도 좋아요. 하지만 어린이들도 즐겨 했던 놀이임에는 틀림이 없어요.

고누 놀이(김홍도 그림, 조선 시대)

또 우리에게는 생소한 '고누'도 남자 어린이들이 즐기던 놀이 가운데 하나였답니다. 어떤 놀이냐고요? '장기'와 비슷한 놀이예요. 단순한 몇 개의 규칙에 따라 말을 움직여 상대편의 말을 포위하거나 밀어내지요.

고누는 말을 놓는 말판의 모양에 따라 여러 종류가 있어요. 말을 두는 판을 '말밭'이라고 하는데요, 말밭에 우물을 정하고 그것을 기준으로 게임을 한다면 그걸 '우물고누'라고 해요. 또 말밭에 직선을 그리고 게임을 한다면 그걸 '줄고누'라고 하지요. 선이 교차하는 지점에 말을 두고 게임을 하는 것은 '참고누' 혹은 '꽃고누'라고 하고요.

고누처럼 낯선 놀이가 또 있어요. '승경도'라는 놀이인데요, 이것은 양반의 자식이 즐겼던 놀이래요. 말판에 관직 이름을 붙여 놓고 '윤목'이라는 나무 막대기를 던져 승진을 하는 놀이인데요, 아이들은 이 놀이를 하면서 선비의 자세나 관직에 대한 이해를 높였다고 해요. 놀이 방식이 윷놀이와 비슷하지요?

제기차기

지금도 남아 있는 '제기차기'는 어린이들의 인기 종목이었어요. 이 놀이는 중국에서 온 것으로 무술을 닦기 위해 만들어진 놀이라고 하지요. 지금은 제기를 만들어 팔지만, 당시에는 직접 만들어야 했어요. 제기를 만들 때 가운데 구멍이 뻥 뚫린 엽전은 더할 나위 없이 좋은 재료였어요. 이 구멍을 통해 술을 단단하게 고정시킬 수가 있었거든요.

이 밖에도 '땅따먹기'나 '쥐불놀이', '팽이치기'나 '구슬치기'도 아이들을 신나게 만들었던 놀이였답니다.

89 옛날 인기 스포츠는 무엇이었을까요?

임금님과 씨름을!

운동은 기분을 상쾌하게 만들어 주고 건강에도 도움이 되지요. 요즘 사람들은 바쁜 시간을 쪼개 스포츠 센터에 다니면서 열심히 운동을 해요.

하지만 옛날에는 이런 스포츠 센터가 없었지요. 주로 생활 속에서 운동을 해 왔어요.

우리 고유의 운동이라고 하면 제일 먼저 택견과 씨름이 있을 거예요. 하지만 나중에 태권도로 변화한 택견은 무술을 전문적으로 하는 사람들이 배우고 익혔을 뿐, 그리 보편적인 운동은 못 되었어요.

반면에 씨름은 대부분의 사람들이 즐겼던 대중적인 운동이랍니다. 씨름은 샅바를 넓적다리에 걸친 두 사람이 서로 힘과 재주를 부려 상대방을 쓰러뜨리는 운동이에요.

우리 민족이 오래 전부터 씨름을 좋아했다는 것은 옛 그림으로도 잘 알 수가 있어요. 삼국 시대의 고구려에 있는 '각저총'에 보면 서로 맞붙어 씨름을 하는 두 사람과 심판으로 보이는 한 사람이 그려져 있는 그림을 발견할 수 있어요.

고려의 충숙왕은 씨름을 매우 좋아한 왕이었대요. 그래서 3월이 되면 중요한 업무를 신하들에게 맡기고 궐 안에서 일하는 낮은 신분의 사람들과도 스스럼없이 씨름을 즐겼다고 하는군요. 같은 시대의 충혜왕 역시 궐 밖으로 나가 용사들과 함께 씨름을 구경했고, 많은 상을 내렸대요.

고구려 각저총 고분 벽화 씨름 장면

그러나 조선 중기의 명종은 씨름을 별로 좋아하지 않았나 봐요. 씨름은 어린아이들이나 좋아하는 것인데, 궁궐 안에서도 일은 않고 서로 힘 겨루기를 한다며 별로 내켜 하지 않았다는군요.

하지만 임금이 씨름에 대해 어떻게 생각했는지와는 상관없이, 씨름은 우리 민족이 제일 좋아하는 운동이었어요. 명절이 되면 씨름판을 열고 1등을 한 사람에게는 값진 상품이 내려졌어요. 어떤 사람은 쌀을 몇 가마니씩이나 받았고, 또 어떤 사람은 튼튼한 황소를 받았지요.

지금도 명절이 되면 여기저기서 씨름 대회가 열려요. 상품으로 황소나 쌀을 받는 일도 아주 흔하답니다.

90 옛날 사람들도 소풍을 갔을까요?

계절마다 떠나는 신나는 소풍

소풍은 정말 좋아요. 늘 학교 안에만 있다가 풍경이 좋은 곳으로 놀러 가는 일은 신나죠? 그래서 소풍 가기 전날 밤에는 잠도 잘 오지 않는가 봐요. 비가 오면 어쩌나 은근히 걱정도 되고요.

공휴일에 식구들과 산이나 들, 강가나 바다로 떠나는 일도 가슴을 마구 뛰게 만들지요. 바람도 새롭게 느껴지고 물소리는 또 얼마나 경쾌하게 들리는지요.

단오 풍경(김준근 그림, 조선 시대)

옛날 사람들도 이렇게 어디로 놀러 가는 일을 좋아했나 봐요. 단오, 유두, 삼복 등 특별한 날마다 여럿이 함께 나들이를 즐겼어요.

단오는 음력으로 5월 5일, 날씨가 슬슬 더워지기 시작하는 날이지요. 이 날이면 사람들은 창포가 잘 자라는 물가로 모여들었어요. 여자들은 창포를 삶은 물로 머리를 감았고, 남자들은 창포 뿌리를 허리춤에 차고 다녔답니다. 또 그네뛰기나 씨름 대회를 하며 하루 종일 재미있게 놀았어요.

맛있는 음식도 많이 만들어 먹었어요. 쑥으로 만든 수리떡, 밤이슬을 맞힌 여러 풀로 만든 약떡, 앵두로 만든 앵두화채 등이 단오 음식이에요.

유두는 음력 6월 15일로, 이 날 사람들은 새로 거둔 과일, 채소, 곡식으로 한해 농사를 무사히 치른 것을 기려 조상에게 고사를 지냈어요. 이것을 '유두천신'이라고 해요.

유두천신을 마친 뒤에는 일가 친척들이 다 모여 맑은 물이 흐르는 시냇가나 계곡으로 놀러 갔어요. 구슬처럼 둥근 떡과 과일을 싸 가지고 가서 함께 나누어 먹기도 했답니다.

삼복은 한여름 동안의 초복, 중복, 말복을 모두 합쳐 부르는 이름이에요. 음력으로 따지면 6월에서 7월 사이죠. '삼복 더위'라는 말 들어 본 적 있지요? 이 말은 한여름의 무더운 날씨를 이르는 말이랍니다.

날씨가 너무 덥다 보니 사람들은 많이 지쳐 있었어요. 그래서 삼복에는 시원한 계곡으로 놀러 가 얼음같이 차가운 물에 발을 담그고 놀았어요. 그리고 약해진 몸을 건강하게 하기 위해 개장국을 끓여 먹었답니다.

91 옛날 사람들은 어디서 데이트를 했을까요?

달나라 궁전 같은 데이트 장소

여러분은 이다음에 커서 데이트를 한다면 어디를 가 보고 싶은가요? 놀이 공원? 호숫가? 바닷가? 아니면 또 어떤 곳이 있을까요?

물론 건물이 예쁘고 주변이 아름다운 곳에 가 보고 싶을 거예요. 지저분하고 평범하기 이를 데 없는 곳에서 데이트를 하고 싶은 사람은 아무도 없겠지요.

옛날 사람들도 마찬가지였어요. 아름다운 장소에서 아름다운 사랑을 키우고 싶은 마음은 지금이나 옛날이나 똑같은 것 같아요. 옛날의 데이트 장소로 '누각'이나 '정자'가 사랑받았다고 하니까요.

누각이나 정자는 경치가 좋은 곳에 만들어졌어요. 이것들은 주변 경치를 감상하며 몸과 마음을 편히 쉬게 하거나, 사람들이 모여 즐겁게 이야기를 나누기 위해 만들어진 건축물이거든요.

따라서 근처에는 호수나 강이 있고, 나무가 우거져 있지요. 이곳에는 새들도 여유롭게 날아다닐 테고, 나무 냄새가 싱그러울 테지요. 아마도 꽃 향기가 서로 사랑하는 사람들의 마음 속으로 사르르 스며들었을 거예요.

연못이 있는 누각

게다가 누각과 정자는 보통 집처럼 평범하게 생기지 않았어요. 아담한 크기에 알록달록한 색깔로 멋진 무늬도 그려 넣었지요. 절에 가면 지붕 밑에 단청이라는 게 있잖아요. 예쁜 그림과 문양이 갖가지 색깔로 그려진 것 말이에요.

그 유명한 이 도령과 춘향이도 전라도 남원의 '광한루'라는 누각에서 만났답니다. 아름다운 곳에서 아름다운 사람을 만나니 첫눈에 반할 수밖에 없지 않았겠어요? 이곳에는 은하수를 본떠 만든 연못도 있고요, 견우와 직녀의 만남을 뜻하는 '오작교'도 있어요.

옛날 전라도 감사였던 정인지는 이곳에 와 보고 이렇게 말했대요.

"마치 달나라 궁전 같구나!"

그러나 평범한 서민들은 동네 뒷산이나 물레방앗간 같은 곳에서 몰래 만나 사랑을 속삭였다고 해요.

32 옛날에도 연애 결혼이 있었을까요?

보름달 아래 몰래 하는 사랑

옛날 여인들은 바깥 출입을 자유롭게 하지 못했어요. 서민들이야 일을 해야 하니까 싫어도 밖에 나가야 했지요. 하지만 사대부 집안의 여인들은 꼼짝없이 집 안에만 있어야 했답니다. 얼마나 답답했을까요?

그럼에도 불구하고 옛날 이야기를 보면 사대부 집안의 어여쁜 아가씨들이 멋진 청년과 사랑에 빠지는 얘기가 나와요. 마치 가구처럼 집 안에만 있었던 아가씨들이 어떻게 그럴 수 있었냐고요? 그건 바로 명절이나 축제 때문이었어요. 이런 특별한 날은 아가씨들도 바깥에 나가 놀이나 행사를 즐길 수 있었거든요.

한해 달력을 보면, 우리 나라에는 온 백성이 함께 즐기는 명절과 축제가 많이 있어요.

1월에는 '달맞이놀이'를 했어요. 초저녁에 높은 곳에 올라가 달맞이하는 풍속이지요. 달을 제일 먼저 보는 사람에게 행운이 온다고 믿었어요. 또, 달이 하늘 높이 뜨면 '다리밟기'를 했답니다. 12개의 다리를 밟으면 한 해 동안 나쁜 일을 피할 수가 있고, 다리도 아프지 않는다고 하여 남녀노소 가릴 것 없이 다리로 모여 들었어요.

다리밟기

2월에는 한식을 맞아 성묘를 가야 했지요. 그러니 사대부 집안의 여인들도 조상의 묘를 찾아 집을 나서야만 했어요. 또한 4월에는 부처님 탄신을 기리는 사월 초파일이 있어 절에서 탑 주위를 뱅뱅 돌며 소원을 빌었어요.

10월에는 '반보기' 라는 것도 있었답니다. 추석이 지난 다음에 날짜와 장소를 정해 놓고 보고 싶은 사람을 만나는 것이었지요. 그래서 이 날을 맞은 여인들은 좋아하는 음식을 장만하여 함께 모여 한나절 동안 즐거운 시간을 보냈어요.

그리고 이 날에는 어린 소녀들도 곱게 차려 입고 나들이를 했어요. 그래서 어른들은 이 소녀들을 보고 장래의 며느릿감을 뽑기도 했대요.

어쩌면 아가씨들은 둥근 달을 맞이하면서, 밝은 달빛 아래 다리를 밟으면서, 탑돌이를 하면서, 반보기를 하면서 꿈에 그리던 청년을 보게 되었을지도 몰라요. 가슴이 덜컥 내려앉는 기분이었겠지요?

% 옛날 사람들도 일요일에는 쉬었을까요?

많을수록 좋은 날, 공휴일

"얘, 넌 무슨 요일이 제일 좋니?"
"난 일요일이 좋아. 학교에 안 가도 되고, 숙제 검사도 없잖아."

한 주일 중에서 가장 기다려지는 요일은 아마 일요일이 아닐까요?

일요일에는 아침까지 느긋하게 잠을 잘 수 있어요. 또 텔레비전에서는 재미난 만화도 많이 하지요. 어디 그뿐인가요? 학교에 안 가도 되고 숙제 검사도 없는 날이 바로 일요일이에요. 일요일은 아이, 어른 할 것 없이 모두 좋아하는 요일이지요. 그런데 옛날에도 일요일과 같은 휴일이 있었을까요?

옛날 관청 장면(김윤보, 형정도첩)

옛날에도 정기 휴일이 있었답니다. 고려와 조선 시대에도 지금처럼 한 달에 다섯 번의 정기 휴일이 있었어요. 음력으로 매달 1일, 8일, 15일, 23일과 24절기가 각각 시작되는 날이 바로 노는 날이었어요. 그리고 입춘·경칩·청명 등의 절기가 시작되는 날은 태양력으로 계산하는데, 음력의 노는 날과 겹치거나 하면 연

214

휴가 되기도 하였답니다.

그래서 관리들은 새해가 되면 서운관으로 몰려갔어요. 서운관은 왕립 천문 연구소로, 날짜를 정확하게 하는 곳이죠.

"보게나, 올해는 며칠이나 휴일이 있나?"

"하하. 그것을 알려고 부랴부랴 달려온 거요? 올해는 작년보다 5일이나 휴일이 적다네."

"아이고, 실망스럽구만. 허허허."

예나 지금이나 노는 날이 많기를 바라는 마음은 같았던 듯해요.

옛날에는 설날부터 7일까지 쉬었어요. 정월 대보름과 단오에도 연휴였는데, 며칠이나 쉬었는지 아세요? 무려 3일이나 되었답니다. 더 재미있는 것은 일식과 월식이 있는 날이면 공무를 보지 않았다고 해요. 재수 없게 부정을 탈지 모른다고 생각했기 때문이지요.

한편 옛날의 근무 시간은 대략 6시에 출근해서 저녁 6시까지 12시간 정도였어요. 겨울이 되면 날이 짧아지기 때문에 출근 시간은 2시간 늦추어지고, 퇴근 시간은 2시간 앞당겨져서 근무 시간도 짧아졌다고 해요.

24 옛날에는 누가 도둑을 잡았을까요?

옛 도적들이 피해 갔던 관청, 포도청

우리 나라 경찰의 마스코트를 아세요? 그건 바로 '포돌이'와 '포순이'예요. 포돌이의 미소는 친절을 뜻하고, 큰 눈은 도심 곳곳을 지켜보겠다는 경찰의 의지를 표현한 것이라고 해요. 큰 두 귀는 주민들의 의견을 잘 듣겠다는 뜻이고, 두 팔을 벌린 모습은 어떤 위험에도 맞서겠다는 당당한 자신감을 뜻한대요.

포도 대장이 순사(일본 순경)로 변화된 모습

그런데 포돌이의 '포'는 조선 시대 포도청과 포졸의 '포' 자에서 따온 것이랍니다. 포도청은 조선 시대에 만들어진 것으로, 도둑이나 범죄자를 잡는 관청이에요.

조선 전기에는 빈부 격차가 심했어요. 가난한 사람은 너무 가난하여 굶기가 일쑤였고, 부자는 많은 재산을 계속 늘려 갔어요. 또한 사회가 불안하여 도적들이 날뛰었어요. 이를 보다 못한 성종 임금은 포도장을 임명했어요.

"그대를 포도장으로 임명하노라! 앞으로는 도적을 잡고 민심을 평안하게 다스려라!"

포도장 제도는 점점 변화되어 나중에는 포도청이 생겨나게 되었답니다. 포도청의 최고 책임자는 바로 포도 대장이에요. 포도 대장은 주로 왕을 호위하는 일을 맡았어요.

포도 대장 밑에는 포도 부장, 종사관, 포졸 등의 많은 부하가 있었는데, 도둑 잡는 일을 하는 사람이 바로 포도 부장이랍니다. 포도 부장은 반드시 범인을 잡을 때를 알리고, '통부'라는 증명서를 차고 다녀야 했어요. 그 밑에는 포졸들이 있어 열심히 뛰어다니며 범인을 잡는 데 앞장섰답니다.

그런데 옛날 포졸들은 맨손으로 도둑을 잡았을까요? 그렇지 않아요. 옛날 포졸들은 총은 없었지만 육모 방망이가 있었어요. 육모 방망이는 박달나무로 만든 것으로 육각형인데, 맞으면 상당히 아팠을 거예요. 정말 딴딴해 보이거든요.

육모 방망이

또한 포졸들은 오랏줄이라는 것을 가지고 있었어요. 오랏줄은 죄인이 도망치지 못하도록 꽁꽁 잡아맬 때 쓰는 줄이에요. 지금으로 말하면, 수갑과 같은 역할을 한 것이지요. 이 오랏줄은 딴딴한 실을 여러 번 꼬아 겹쳐서 만들었기 때문에 쉽게 끊어지지 않았다고 해요.

95 옛날에는 어떻게 큰 불을 껐을까요?

119보다 빠른 종소리

"자나 깨나 불조심! 꺼진 불도 다시 보자!"
생활하는 데 꼭 필요하기도 하지만 위험하기도 한 것이 바로 불이에요.

불이 났을 때는 바로 119로 연락해야 해요. 섣불리 불을 끄려고 덤벼들었다가는 더 큰 위험이 발생할 수 있기 때문이에요. 그런데 옛날 사람들은 큰 불이 나면 어떻게 했을까요? 옛날에도 화재를 진압하는 소방관이 있었을까요?

삼국 시대에는 건축술이 발달하여 왕궁, 성문 등 큰 건축물이 만들어지게 되었어요. 하지만 백성들이 사는 민가는 서로 다닥다닥 지었기 때문에 화재가 발생하면 대형 화재로 번졌답니다. 그러나 당시에는 화재를 진압하는 관청이 없었어요. 불이 나면 마을 사람들이 줄줄이 늘어서서 물동이로 물을 나르는 수밖에 없었지요.

화재를 진압하는 소방 조직이 생긴 것은 조선 시대에 이르러서예요. 조정에서는 1426년에 '금화도감'을 설치하여 한국 최초의 소방 제도를 마련했어요. '망루' 라는 것이 있었는데, 망루는 높은 곳에 세워져 있어서 화재를 감시하는 초소가 되었지요. 그래서 불이 났을 때는 종을 쳐 재빨리 화재를 진압하려 했답니다. 대형 화재가 발생하면 왕에게 직접 보고하도록 하였

남한산성 동문의 망루

어요. 또한 불 지른 사람을 찾아내면 무섭게 처벌을 하였고, 불을 끈 공로자가 있으면 큰 상을 주었답니다.

조선 시대에는 마을마다 사다리, 저수기, 물 푸는 그릇 등과 도끼, 쇠갈고리 등을 준비해 두었어요. 그래서 불이 나면 군인과 마을 주민들이 힘을 모아 불을 끄는 작업을 했답니다. 그리고 불이 났을 때 물이 모자랄 것을 예상하여 항상 물을 준비하도록 했어요.

"물독을 다섯 집마다 하나씩 만들어 물을 저장하라!"

"식량 창고가 있는 곳에서는 불을 가까이 하지 말라."

옛 소방 기구

"집과 집 사이는 방화 담을 설치하고, 나무로 울타리를 하는 것은 위험하니 금하라."

불조심은 예나 지금이나 잊어서는 안 되는 기본이었던 거예요.

옛날에는 어디서 물건을 팔고 샀을까요?

없는 것 빼고는 다 있는 옛날 장터

"클릭 한 번으로 장을 보세요!"

요즘에는 집에 앉아서도 물건을 살 수 있어요. 인터넷을 통하면 머나먼 외국의 물건도 살 수가 있지요. 기술과 문명의 발달로 생활의 편리함은 점점 나아지고 있어요.

그런데 옛날에는 숯 한 덩이를 사려 해도 장이 서는 곳에 가야 했답니다. 옛날에 섰던 장은 요즘의 시장과는 달리 매일매일 열렸던 게 아니었어요. 또한 장터까지 가려면 새벽부터 집을 나서야 했고요.

시장은 본래 물건을 사고 파는 곳이에요. 하지만 교통과 통신이 발달되지 못했던 옛날에는 세상 돌아가는 이야기와 온갖 풍문을 듣게 되는 곳이기도 했어요. 또한 새로운 문물과 물건을 가장 먼저 접할 수 있는 곳이기도 했지요. 그래서 옛날의 장터는 흥미로운 구경거리를 간직한 오락의 장소이기도 했답니다.

옛날 사람들은 손수 농사 지은 곡식과 채소도 팔기 위해 장터로 모여들었어요. 장터에는 신발, 모자, 종이 등 여러

생선 장수
(신윤복 그림, 조선 시대)

가지 생활 필수품이 있었어요. 특히 각 지역에서 생산되는 특산품의 거래가 가장 활발한 교류의 중심 역할을 해 왔어요.

한국의 전통 장은 주로 한 곳에서 5일 간격으로 열리는 '5일장'이 대부분이었어요. 그리고 지역마다 장이 열리는 날짜가 달랐기 때문에 상인들은 이 장에서 저 장으로 돌아다녔어요. 5일장마다 각 도에서는 전국의 특산품과 생필품을 들고 장돌림과 보부상들이 구름같이 모여드는데, 이들이 풀어 놓는 물건들은 그야말로 일상 생활에 없어서는 안 되는 귀중한 물품들이었어요.

장터로 가는 길(김득신 그림, 조선 시대)

18세기경에는 무려 1,000개가 넘게 장이 섰다고 해요. 조선 시대의 특수 시장으로는 한약재를 전문으로 다루던 약령 시장이 유명했어요. 약령 시장 중에서는 대구, 전주, 원주의 3대 시장이 가장 컸는데, 약재의 채취와 출하 시기에 맞추어 봄과 가을에 두 번 열렸답니다.

그러다 교통이 발달하고 사람들이 도시로 몰려들자 시장도 변화했어요. 5일에 한 번, 3일에 한 번씩 섰던 장터는 매일매일 여는 상설 시장으로 변화된 것이지요.

97 주민등록증도 없었는데 어떻게 신분을 증명했을까요?

밥 때는 잊어도 호패는 잊지 마라

"휴우, 오늘 끼니도 걱정인데, 세금을 내라니……."
"그래, 나랏님도 무심하시지. 이렇게 큰 흉년이 들어도 세금은 줄어들지 않는단 말이야. 이거 호패를 없애 버리든지 해야지!"
"이런, 큰일날 소리! 호패를 차지 않으면 어찌 되는 줄 아는가?"

호패는 오늘날의 주민등록증과 같은 신분증이에요. 고려 공민왕 때 군인들을 대상으로 처음 이 제도가 마련되었으나, 제대로 시행되지 않았어요. 그러다 조선 시대에 와서 비로소 전국으로 확대되어 호적법의 보조적인 역할을 했답니다. 집과 인구 수를 파악하여 나라를 다스리는 데 쓰였으며, 직업과 신분을 증명하는 데도 이용되었어요.

조선 시대 호패

호패는 조선 시대의 왕실·조정 관리로부터 서민·천민에 이르기까지 16세 이상의 남자라면 모두 가지고 있었어요.

호패는 직사각형 모양으로 만들어진 패예요. 거기에 이름과 나이, 태어난 해 등을 기록한 다음 관아의 낙인을 찍었답니다. 호패는 신분에 따라 그 재료와 내용이 달랐어요.

그렇다면 조선 시대에는 왜 호패 제도를 만들었을까요? 그 이유는 각 집안을 자세히 알아보아 세금을 매기기 위해서였어요. 그래서 백성들이 세금이나 군대 갈 의무를 피하지 못하도록 하려는 것이었지요.

옛날에는 호패를 차지 않은 사람과 남의 것을 빌려 차는 사람들은 나라에서 엄격하게 처벌했어요. 또, 호패를 몰래 위조하거나 훔친 자는 사형에 처했다고 해요.

나라에서 이렇게 엄격하게 호패를 관리한 이유는 가난한 백성들이 양반의 노비로 들어가거나 호패를 위조하는 등 나라에서 정한 법을 어기는 일이 많았기 때문이에요.

조선 시대에는 호패 제도를 엄격하게 시행했어요. 그래서 모든 성인 남자들이 나라일에 적극적으로 돕고 나서도록 하였답니다.

그러나 때때로 호패 제도는 제대로 지켜지지 못하여 불편과 불만의 원천이 되기도 했답니다.

98 옛날에는 어떤 여인이 미인이라 불렸을까요?

옛날 여인들도 다이어트를 했을까요?

"어머, 얼굴이 포동포동하니 보기 좋네요."
"당신은 몸이 아주 통통하고 건강해 보이는군요."

요즘에는 이런 말을 듣고서 기분이 좋아 웃는 사람들은 별로 없어요. 특히 여성들은 더하지요. 분명 건강해 보이는 몸을 칭찬하는 것인데, 다들 왜 이렇게 싫어할까요?

그것은 날씬한 여성이 미인으로 꼽히기 때문이에요. 그래서 많은 여자들이 '피와 살을 깎는 고통'을 견디며 다이어트를 하지요. 그런데 옛날에도 키 크고 빼빼 마른 여자가 미인으로 꼽혔을까요? 또, 옛날 여성들도 다이어트를 했을까요?

만약 요즘 미인이 조선 시대로 돌아간다면, 아마도 푸대접을 받았을 거예요. 왜냐하면 조선 시대 미인은 지금의 미인과는 정반대라 할 수 있거든요. 조선 시대에 그려진 미인도를 보면, 여인들의 키는 아담했고 몸은 통통했어요.

"여자는 아무리 크고 튼튼하다 해도 아녀자에 불과하다."

이것이 조선 시대 남자들이 생각하는 여성의 모습이었거든요. 그래서 눈과 코, 입이 오목조목 작은 여성을 미인으로 꼽았어요.

조선 시대의 화가 김홍도, 신윤복, 송수거사 등이 남긴 미인도에 나타난 미인의 몸매는 절대 빼빼 마른 여자가 아니었어요. 여인들은 너무 뚱뚱하지도 않고 너무 마르지도 않고 건강해 보이는 여인이었지요. 또, 얼굴 역시 갸름하고 둥근 계란형이 대부분이었어요.

삼국 시대로 거슬러 올라가면 피부가 고와야 미인으로 쳤답니다. 고구려 벽화에 나타난 여인의 얼굴을 보면 대부분 희고 고운데다 살이 오른 풍만한 얼굴이에요. 눈은 은행 알과 비슷했으며 코는 솟고 입술은 붉고 작았지요.

미인도(송수거사 그림, 조선 시대)

옛날 여인들은 지금처럼 다이어트를 하지 않았어요. 몸이 너무 뚱뚱해서 건강에 나쁠 경우에 한해 살을 빼려고 노력을 했겠지요. 하지만 지금처럼 빼빼 마른 몸매를 만들기 위해서 다이어트를 하지 않은 것만은 확실해요. 당시에는 장승처럼 키가 크고 몸이 갈대처럼 마른 몸매보다는 적당히 살이 찐 몸매가 더욱 칭송을 받았으니까요.

99 옛날 사람들은 어떻게 장례를 치렀을까요?

사라져 간 시묘살이

"어이구, 기가 막혀라. 세상 망할 날도 멀지 않았구만."
"그래, 장례식장이라니! 이게 말이나 되는가!"
"돌아가신 분이 원통한 눈물을 흘릴 거야."

우리 나라에 처음으로 장례식장이 생기자 많은 어른들이 분노했어요. 장례식장은 말 그대로 장례를 올리는 건물이에요. 예전에는 집 안에서 장례를 치렀기 때문에 장례식장을 만든다는 것은 꿈도 꾸지 못할 일이었지요. 죽은 자를 고이 모셔야 한다는 것은 예나 지금이나 같은 생각인데, 그 형식은 점차 바뀌고 있는 것이에요. 그렇다면 옛날에는 어떻게 장례를 치렀을까요?

옛날에는 집안 어른의 상을 당하면 며칠씩 굶거나 죽을 먹으며 집 옆에 움막을 지어 놓고 '조문'을 받았어요. 조문이란 초상난 집을 찾아가 사람들을 위로하는 것을 말해요. 오늘날에는 가까운 친척이나 가까운 이웃들이 조문을 가지요. 하지만 옛날에는 마을 사람들 모두 참석했답니다.

옛날에는 장례를 7일이나 5일 동안 치렀어요. 장례가 끝나면 상여를 만들어 마을 사람들이 매고, 상제들은 그 뒤를 따라 '장지'로 갔어요. 장지는 돌아가신 분을 묻는 땅을 말해요. 옛날에는 조상들의 무덤이 있는 곳에 산소를 만들었는데, 오늘날은 공동 묘지를 많이 이용한답니다.

상여가 이동하는 장면

옛날에는 마포로 된 거친 상복을 입었어요. 소매는 넓게 하고, 가슴 왼편에는 눈물받이를 달았으며, 허리에는 삼 띠를 둘렀어요. 여자의 상복도 거친 마포로 만들었으며, 기혼자는 머리에 흰 족두리를 쓰고, 결혼을 안 한 여자는 머리띠만 둘렀어요.

삼베로 된 상복

하지만 오늘날의 장례식 옷은 매우 간소화되었어요. 오늘날 양복을 입을 경우에는 검정색을 입고, 한복인 경우는 흰색이나 검정색을 입고 왼쪽 가슴에 상장이나 흰 꽃을 달아요.

옛날에는 돌아가신 분을 위해 3년 동안 상복을 입고, 집을 떠나 무덤 옆에 움막을 짓고 지냈어요. 이를 '시묘살이'라 해요. 하지만 시묘살이는 거의 사라져 가고 있어요.

100 예식장도 없었는데 어디서 결혼했을까요?

장가는 '오는 것'이 아니라 '가는 것'

우리 나라에 예식장이 생긴 지는 겨우 100년 정도밖에 안 되었어요. 최초의 신식 결혼은 1888년 어느 교회에서 이루어졌어요.

그 전에는 집에서 결혼식을 했답니다. 신부네 집에서 식을 올렸지요. 남자들이 결혼을 할 때는 "장가를 간다." 혹은 "장가를 든다."고 말하지요? 그건 바로 결혼식이 벌어질 "신부네 집으로 간다."나 "신부네 집으로 들어간다."는 뜻이에요.

옛날에는 신혼 여행도 없었어요. 결혼식이 끝난 다음, 신랑과 신부를 위해 마련된 방에서 지냈답니다. 고구려에서는 아예 신혼 부부를 위한 장소를 따로 만들기도 했어요. 결혼을 하기로 정해지면 신부네 집 뒤뜰에 '서옥'이라는 작은 건물을 지은 거예요.

신랑과 신부는 결혼식을 마친 뒤부터 이 곳에서 지냈어요. 그리고 아이들을 낳았고, 아이들이 자란 뒤에야 신랑네 집으로 갔답니다.

고려 시대에도 신랑과 신부는 신부네 집에서 오래 머물렀

전통 혼례　　　　　　　　신부가 절하는 모습

어요. 낯선 사람들끼리 결혼을 하면 서로 적응도 해야 하고 아이를 낳는 중요한 일도 겪을 텐데, 신부에게는 이러한 풍습이 아주 좋았을 거예요.

하지만 이런 풍습이 모든 사람에게 좋았던 것은 아니랍니다. 결혼식 비용이나 둘이 머물 공간을 만드는 데 드는 비용을 모두 신부 쪽에서 냈거든요. 그러니 가난한 처녀들은 결혼을 할 수 없는 경우도 있었대요.

조선 시대에는 태종 때 접어들어 이런 풍습을 없애려고 했어요. 신랑의 집에서 혼례를 치르도록 한 것이지요. 하지만 이건 잘 지켜지지 않았답니다.

오늘날에도 신혼 여행을 다녀온 신랑, 신부는 제일 먼저 신부네 집으로 가지요? 어른들께 인사를 드리려고요. 이것은 오래 전부터 내려온 풍습의 영향이에요.

옛 사람들의 생활 문화 발자취를 찾아서!

이 책을 쓰는 데 아래의 박물관에서 많은 자료와 도움을 받았습니다.
우리 옛 생활 문화에 대해 좀더 알고 싶은 어린이나 학부모님께
도움이 되길 바랍니다.

옹기민속박물관 서울시 도봉구 쌍문동 / 전화 02-900-0399
고구려 시대부터 조선 시대에 이르기까지 3천여 점의 옹기가 전시되어 있습니다. 물동이, 떡시루, 술병, 김치 독 등 다양한 옹기를 볼 수 있습니다. 또한 옹기 외에 절구통, 물레, 삿갓 등 옛 선조들이 썼던 민속 자료도 전시되어 있습니다.

궁중유물전시관 서울시 중구 정동 / 전화 02-753-2582
덕수궁 내에 위치한, 조선 왕조의 궁중 유물이 전시되어 있는 곳입니다. 임금님이 앉았던 옥좌, 태조 이성계가 썼던 어도, 각종 장신구와 악기 등 궁중의 권위를 상징하는 여러 유물이 전시되어 있습니다.

농업박물관 서울시 서대문구 농협중앙협의회 / 전화 02-397-5673
5천 년 농경 문화의 유산을 만나 볼 수 있는 곳입니다. 원시인이 쓰던 빗살무늬 토기에서부터 각 계절마다 사용했던 농기구들을 볼 수 있습니다. 또한 옛날 농사 짓던 일꾼들의 모습을 모형으로 만들어 놓아서 옛 정취가 그대로 느껴집니다.

국악박물관 서울시 서초구 서초동 예술의 전당 옆 / 전화 02-580-3070
이 박물관에는 우리의 전통 악기가 모두 모여 있습니다. 우리들이 잘 아는 북, 장구, 거문고, 가야금뿐만 아니라 당비파, 소, 나각, 박, 해금 등 전통 악기를 볼 수 있습니다. 게다가 매주 토요일이면 국악 공연도 볼 수 있습니다.

짚·풀생활사박물관 서울시 강남구 청담동 / 전화 02-516-5585
우리 민족이 가장 널리 썼던 생활용품의 재료는 짚·풀입니다. 짚·풀만 있으면 신발, 바구니, 가방, 모자 같은 것은 금새 만들어 쓸 수 있습니다. 짚·풀로 삶을 꾸려 갔던 옛 사람들의 소담한 정취를 느낄 수 있습니다.

강원민속박물관 강원도 횡성군 청일면 춘당리 / 033-342-2331
푸른 산 깊숙이 자리잡은 이 박물관은 옛 사람들의 삶을 생생하게 체험할 수 있는 곳입니다. 이 박물관에는 조선 시대의 여러 방 안의 풍경을 그대로 재현해 놓아서 옛 사람들이 살아 나올 것만 같습니다.

공주민속극박물관 충청남도 공주시 의당면 청룡리 / 전화 041-855-4933
이 박물관에는 꼭두각시 놀음, 판소리, 배뱅이굿 등 다양한 민속 연극에 쓰여졌던 소품들이 있습니다. 익살맞은 표정을 한 많은 인형들과 탈, 전통 의상, 민속 음악에 쓰여졌던 악기 등을 볼 수 있습니다.

제주민속박물관 제주시 삼양 3동 / 전화 064-755-1976
이 박물관의 현판에는 '여기는 남국의 보배를 지키는 곳 우리 뿌리의 집'이라고 새겨져 있습니다. 현판의 글처럼 거친 파도와 싸우며 삶을 일구었던 옛날 제주인의 흔적을 엿볼 수 있습니다.

국립민속박물관 서울시 종로구 세종로 / 전화 02-720-3137
임금님이 살던 궁궐과 전통 민속, 생활 문화를 함께 만나 볼 수 있습니다. 특히, 이 박물관은 옛 서민들의 삶의 흔적이 고스란히 보존되어 있습니다. 한민족 생활사관, 생업실 그리고 한국인의 일생을 담은 전시실이 있습니다.

국립중앙박물관 서울시 종로 세종로 1-57 / 전화 02-398-5000
14만여 점의 유물이 전시되어 있는 우리 나라에서 제일 큰 박물관입니다. 아름다운 옛 그림들뿐만 아니라 도자기, 불상, 장신구, 서적과 지도, 화폐 등 우리 나라 역사, 문화의 연구에 필요한 유물들이 전시되어 있습니다.

덕포진교육박물관 경기도 김포군 대곶면 신안리 / 전화 031-989-8580
수십 년 전의 교과서는 물론 학교 비품, 전통 가구와 농기구 등 모두 4천여 점의 전시물이 있습니다. 특히, 영상 교재가 없었던 시절에 사용했던 연극틀과 글씨 연습용 사판, 작은 풍금 등은 어른들에게 향수를 불러일으킵니다.

고인쇄박물관 충청북도 청주시 운천동 / 전화 043-69-0556
우리 나라 인쇄 문화의 변천 과정을 한눈에 볼 수 있습니다. 옛날 흥덕사에서 〈직지심경〉을 인쇄하던 과정을 밀랍 인형으로 연출해 놓았는데, 고인쇄 문화의 향기를 온몸으로 체험할 수 있습니다.

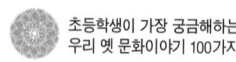
초등학생이 가장 궁금해하는
우리 옛 문화이야기 100가지

내가 옛날에 태어났다면?

2001년 3월 10일 초판 1쇄 발행 | 2012년 2월 10일 개정판 1쇄 발행

글 정문기 | 그림 전병준 최상규 | 펴낸이 오연조
편집장 신주영 | 디자인 고유경 | 마케팅 최승복 이정희 | 경영지원 도은아
펴낸곳 (주)상상스쿨 | 출판등록 2007년 6월 29일 제 396-2007-000141호
주소 경기도 고양시 일산동구 장항동 846번지 센트럴프라자 9층
전화 031-900-9999 | 팩스 031-901-5122 | 이메일 sangsang@wisdomhouse.co.kr

ⓒ 정문기, 2001

＊이 책은 저작권법에 따라 보호받는 저작물이므로 무단전재와 복제를 금지하며,
　이 책의 전부 또는 일부를 이용하려면 반드시 저작권자와 ㈜상상스쿨의 동의를 받아야 합니다.
＊잘못된 책은 바꿔드립니다.

ISBN 978-89-93702-57-6 13900

상상스쿨 - 유아·어린이의 즐거운 상상 놀이터
상상스쿨은 (주)위즈덤하우스의 유아·아동 전문 자회사입니다.